Levin Schücking

Bilder aus Westfalen

Levin Schücking

Bilder aus Westfalen

ISBN/EAN: 9783743386969

Hergestellt in Europa, USA, Kanada, Australien, Japan

Cover: Foto ©Andreas Hilbeck / pixelio.de

Manufactured and distributed by brebook publishing software (www.brebook.com)

Levin Schücking

Bilder aus Westfalen

BILDER

AUS

WESTFALEN.

VON

LEVIN SCHÜCKING.

—⁂—

ELBERFELD,
VERLAG VON R. L. FRIDERICHS.
1860.

Alphabetisches Verzeichniss
der hier vorkommenden
Namen von bedeutenderen Orten, Bergen und Schlössern.

	Seite		Seite
Altena	13	Laar	29
Arnsberg	29	Letmathe	13
Brenken	44	**Limburg**	10
Beverungen	67	Lutterberg	51
Bielefeld	74	Meschede	29
Blankenau	67	Minden	68
Blankenstein	42	Müllenbeck	67
Büren	44	Mönch u. Nonne	13
Corvey u. Höxter	63	**Münster**	81
Dissen	78	Nordhalle	21
Ebbegebirge	21	**Oeynhausen** (Rehme)	68
Eggegebirge	7	Osnabrück	81
Elsey	10	**Paderborn**	52
Engelberts Stuhl	24	Paschenberg	67
Enger	73	Plettenberg	24
Essen (Abtei)	67	Polle	67
Externsteine	55	**Porta Westfalica**	67
Fröndenberg	36	Palsterkamp	78
Fürstenberg	29. 67	Pungelscheidt	21
Godelheim	67	Rauenthal	39
Grotenburg	55	Ravensberg	76. 78
Haarstrang	7	Rehme s. Oeynhausen.	
Hardenberg	39	Rinteln	67
Hardenstein	39	Rödinghausen	37
Hausberge	68	Romberg	37
Hemberg	25	Rothenfelde	78
Herdringen	33	Schaumburg	67
Herford	72	**Schwarzenberg**	24
Hermannsdenkmal	55	Sparrenberg	75
Herstelle	67	Steinmühle	67
Hohenlimburg	11	Suntwicher Höhle	38
Hohenstein	67	Varenholz	67
Hohensyburg	6	Vlotho	67
Homert	25	**Volmarstein**	38
Höxter s. Corvey.		Wehrden	67
Jacobsberg	68	Werdohl	21
Iburg	78	Wetter	39
Kemnade	43	**Wevelsburg**	45
Klusenstein	37	Wittekindsberg	67

BILDER AUS WESTFALEN.

I.

Wie die Zeiten sich wandeln! Als wir vor beinahe zwanzig Jahren mit jugendlichem Muth und mit mehr patriotischem Eifer als Feile und Reife des Styls den Führer durch die Gauen Westfalens machten, da galt es noch, einen „verschrie'nen Strich" zu vertheidigen und für sein Recht einzustehn, dem „malerischen und romantischen Deutschland" einverleibt zu werden. Heute ist das anders geworden; das Land der rothen Erde ist der Eisenbahnbeförderten Menschheit erschlossen; es ist zu Preis und Ruhm gekommen, und wenn es den Einen als classischer Boden der Geschichte, den Andern als Hort patriarchalischer Sitte, den Dritten als Mittelpunkt einer bewundernswürdig entwickelten Industrie fesselt, so findet seine Natur und seine landschaftliche Schönheit so viel Anerkennung, dass jetzt auch die Kunst herantritt, ihm eines ihrer glänzendsten Werke zu widmen.

Da ist es denn eine erfreuliche Aufgabe, diese Arbeit der Kunst mit dem erläuternden Wort zu begleiten; in das Bildwerk mit dem Wort die Staffage, welche hineingehört, zu tragen — die Staffage jener Gestalten und Ereignisse, welche der Phantasie so nahe liegen, wenn unser Auge sich auf diese anmuthigen landschaftlichen Scenerien, diese Denkmale alter Zeiten, diese eigenthümlichen charakteristischen Städte heftet. Wissen wir doch, dass wir jetzt auf kein ungläubiges Lächeln mehr stossen, wenn wir die malerischen Punkte des westfälischen Gebirgs- und Höhenlandes mit den schönsten im Vaterlande vergleichen; wenn wir von dem hervorragenden Reichthum von Monumenten einer blühend entwickelten Kunst des Mittelalters reden; oder wenn wir die zähe, nachhaltige Thatkraft des Stammes preisen, welche so staunenswerthe Resultate auf dem Gebiete des Gewerbfleisses errungen hat und erringt.

In der That vereinigt sich ja in Westfalen in glücklichster Weise die Vergangenheit, die Tradition, die ererbte und heilig gehaltene Sitte, die Weihe, welche die Poesie der Sage und der Geschichte einem Lande verleihen, mit dem freien, frischen, aufschwungeifrigen Leben der Gegenwart, um unsere Heimath zu einem der anziehendsten Theile des grossen schönen Gesammtvaterlandes zu machen.

Was die Geschichte angeht, so sind unsern Hügeln und Bergen, unsern Städten und Burgen die grössten Namen und die denkwürdigsten Thaten eingeschrieben. In unsern Wäldern hat die Geschichte der römischen Weltmacht ihren Wendepunkt gefunden; in unsern Thalschluchten und auf unsern sonnigen Haiden hat der grosse Kampf zwischen dem Sachsen- und dem Frankenthum, jener alte, durch Jahrhunderte fortgesetzte Kampf sich entschieden und mit dem Siege des fränkischen Christenthums geendet; die grossen, über die Geschicke Deutschlands für Jahrhunderte bestimmenden Schlachten sind hier geschlagen. Und wenn dann in den Zeiten, worin die deutsche Geschichte ihre eigentliche Entwicklung erhält, Westfalens Antheil an dieser Geschichte auch ein wenig mehr hervortretender erscheint — zum Theil, weil er hinüberschmilzt in den allgemeinen Antheil, den der grosse Sachsenstamm im Ganzen an unsrer Geschichte nimmt — so entfaltet sich darum nicht minder im Inneren des Stammes ein ganz eigenthümliches, kernhaftes, historisches Leben, das desto wichtiger für die deutsche Culturgeschichte ist, je stiller und zurückgezogener der westfälische Stamm sich der politischen Geschichte gegenüber zu verhalten scheint. Wir erinnern nur an die zwei merkwürdigsten Erscheinungen: an jenes Institut der Vehme, in welchem mitten in einer Zeit der Rohheit, der Gewaltsamkeit und des Frevels die Idee des Rechts so siegreich wie unerbittlich hoch oben gehalten wurde von schlichten einfachen Bauersleuten, und an jene nicht minder merkwürdige Thatsache, dass die Glaubenswirrungen und Irrungen des sechszehnten Jahrhunderts in dem neuen Königreich Sion auf unsrem Boden zu ihrem groteskesten und ungeheuerlichsten Ausdruck kamen.

Daneben tritt die aussergewöhnliche, unternehmungsdurstige Betriebsamkeit, welche sich früh in unsrem Privatleben geltend gemacht hat. Wir haben eine lange Epoche hindurch den Handel mit dem Nordosten des deutschen Reiches vermittelt; wir haben den Städten des Ostens unser Recht und einen guten Theil ihrer Bevölkerung gebracht; wir haben seit je die Schätze unsres Bodens durch klugen Bergbau auszubeuten gewusst, bis sich heute darauf wie auf einer festen Basis eine ganz staunenswerthe Industrie entwickeln konnte, die mit ihren glänzenden Resultaten die Bedeutung der Gegenwart neben das Leben einer grossen Vergangenheit stellt. Gewiss gibt es kein Land in Europa, wo in so überraschend kurzer Zeitfrist eine solche Menge grosser industrieller Schöpfungen in's Leben traten, wie die sind, welche mit ihren Hochofenthürmen und Castellen, ihren Rauchsäulen und Dampfessen den ganzen Horizont einnehmen, wenn man vom Rheine her dem Zug der Schienenbahn nach Osten folgt! —

Und trotz all des Maschinengerassels und des Donners der ausgebeuteten Kräfte von Dampf und Wasser ziehen unverscheucht noch heute durch unsre Gauen auch andere mildere Klänge, „die wie fernes Glockengeläute an einem Sommer-Abend warm und innig uns zum Herzen dringen. Aus den Gründen steigen sie empor, von den Bergen tönen sie herab, Felswand und Gestein hallen sie leise wieder; und unter den Wohnungen der Menschen sind es zumeist die niedrigen, die von Holz aufgebauten, mit Stroh bedeckten, die einsam am Waldessaum oder Bachquell liegenden, um welche sie fortvibriren. Die Silberglocken der Sage sind es, deren volle Weihe auf dem Lande der rothen Erde liegt. Ueberall, wo ein abgeschlossenes Waldthal uns aufnimmt, oder wo wir einsam über die braune baumlose Haide schreiten, oder wo üppiger Epheu ein morsches Gemäuer umklammert, sind ihre Spuren zu finden. Es ist wahr, die Sagen unsres Landes haben nicht immer das Tiefe und Poetische, das die Sagen des uns nahe liegenden Rheinthals auszeichnet. Keine Lurlei singt auf einem Felsen des Ruhr- oder Weserthals ihre verlockenden Weisen, keinen Ritter Roland hat Westfalen, der düstren Blicks im hohen Fensterbogen steht und hinunter blickt auf das Eiland seiner Liebe; und wenn wir Nachts an einen dunklen schilfumrauschten Waldteich treten, so harren wir

1 *

vergebens auf die weisse Nonnenhand, die wie jene des Laacher See's flehend emportaucht aus der Tiefe." Die Sagen Westfalens sind meist einfacher, derber, ursprünglicher als jene, welche freilich auch so vielfach im Gewande moderner Poesie eine Umwandlung erfahren haben, die ihren eigentlichen Charakter beeinträchtigt; sie bleiben deshalb eine allzeit frische, nie verwelkende Volkspoesie, denn das Volk ist bei uns ihr eigentlicher Hüter und Eigenthümer geblieben; man hat sie ihm nicht genommen, um sie hinaufzuschrauben in die Welt der Bücher und der Poeten. Und wer wollte sie nicht trotz ihrer Einfachheit tief bedeutsam und ergreifend nennen? Ist nicht unser ganzer Schatz von Wittekindssagen in hohem Grade beachtenswerth? Kann es eine sinnigere Sage geben, als die von der weissen, todtweissagenden Lilie zu Corvey? Auch die weisse Frau ist unser, sie schreitet nächtlich durch die Säle des Schlosses zu Detmold, durch die Hallen des alten verlassenen Burgbaus zu Bentheim; und verzaubert im tiefen Berge ist Karl der Grosse unser geblieben; er sitzt im Desenberge bei Warburg mit der Krone auf dem Haupte und dem Scepter in der Hand. „In Westfalen schlug er seine Schlachten, am Rhein aber pflanzte er seine Reben, baute er seine Pfalzen und Palläste und ruhte er aus in den Armen der Liebe. Darum auch lässt ihn am Rhein die Sage bei nächtlicher Weile durch die Weinberge schreiten und seine Trauben segnen; darum lässt sie ihn bei Aachen am stillen Spiegel des See's sitzen und Fastradens gedenken: Westfalen aber bannt ihn in den Dosenberg, wo er einst im Sachsenkriege ein unterirdisch Hoflager gehabt haben soll. Da sitzt er und träumt, der Bart wächst ihm durch den Tisch von Marmelstein, wie Friedrich dem Rothbart im Kyffhäuser, und gleich diesem wird er einst wiederkehren, um Land und Leute zu regieren in einer neuen grossen Aera der Einigkeit und des Friedens."

Und so, nach allem diesem können wir mit Freude die Worte eines vaterländischen Dichters nachsprechen, der einst voll patriotischen Selbstgefühls das Aufgebot ausrief an Alles und Jegliches was da Zeugniss ablegen konnte für die Schönheit und den Werth seines Heimathlandes — gegen altgehegte Vorurtheile und Verkennung. Lass, ruft Freiligrath im Schatten der Vehmlinde dem Wappenthier und Symbol Westfalens zu —

Lass deine Wälder flüsternd dich umwehn,
Lass deine Klippen dir zur Seite stehn,
Lass deine Burgen sich in's Stromthal neigen!
Lass deiner Dome farb'ge Scheiben glühn,
Lass deiner Gilden alte Pfeile sprühn —
All deine Helfer, lass sie nahn und zeugen!

Mein Ruf gilt allen, ernst und richterlich!
Durch deine Pforte, blaue Weser, brich,
Und fluthe sanft um deine Buchenhügel!
Die Heerde blöckt, das weisse Segel schwillt,
Auftaucht die Stadt — o so wie einen Schild,
Zeige den Klügern deinen Wellenspiegel!

Und ihr — geröthet von der Hämmer Gluth,
Als färbte Zornesfeuer eure Fluth,
Umblitzt von Schlacken und geschwärzt von Kohlen! —
Ruhrstrom und Lenne, wild und mit Gebraus
Vernehmt die Rüge! schäumend tretet aus,
Die Schmach zu waschen von Altsachsens Fohlen! —

Dann ihr im Sande! — Springt und wühlt euch durch!
Frisch durch den Schutt der Tempelherrenburg!
Frisch durch der Senne dorniges Gestrippe! —
Lasst Waffen reden: — an das Ufer werft
Hastatenschwerter, die einst Rom geschärft!
Lasst eure Schädel reden, Ems und Lippe! —

Und nun ihr Berge, steil und laubverkappt! —
Wie ihr voll Trotzes euch gelagert habt
Rings an der Flüsse kiesigen Gestaden;
Wie euch umtönt des Habichts kurzer Schrei,
Wie euch durchbricht des Hirsches braun Geweih:
So kommt und zeugt und so auch seid geladen!

Nicht ihr allein: — auch was auf euch gebaut! —
Die von den Bergen ihr herniederschaut,
Graustirn'ge Mahner dem Geschlecht im Thale,
In eurer Trümmer moosbewachs'ner Pracht
Hört meine Stimme schallen durch die Nacht,
Burg und Kapelle, Schloss und Kathedrale!

Und euch auch mein' ich, morsche Bilder ihr!
Sei's unter Harnisch, Helmbusch und Visir,
Sei's mit der Inful und dem Hirtenstabe,
Versehrt vom Regen und vom Wetterstrahl —
Verlasst des Münsters und der Burg Portal,
Und schreitet her, umkreist von Dohl und Rabe! —

Wandeln die Steine, mag das Erz auch nahn!
Weithin erglänzt es: — Male ruf ich an,
Der Patrioten und der Volksbefreier!
Das Schwert in Händen und die „Phantasie'n",
Legt ab eu'r Zeugniss: Möser und Arnim!
Du schon erhöht, — du noch im Essenfeuer!

Und du zuletzt, der alles inne hält:
Wald und Gebirge, Strom und Ackerfeld,
Aus deinen Häusern komm, aus deinen Hütten!
Ob du verdienst des bösen Leumund's Schmach,
Zeig es dem Stuhle, kräft'ger Menschenschlag,
Einfach von Wesen, schlicht und derb von Sitten!

Lass dich erschau'n, wie du die Hand mir drückst,
Wie an den Heerd du meinen Sessel rückst,
Wie du mich bittest: Iss, als wär's dein eigen!
Wie du der Väter Brauch und Vorgang ehrst,
Wie du den Stahl reckst und die Ernte fährst,
Wie du dich schwingst im lust'gen Schützenreigen! —

II.

Nicht von der alten Vehmlinde aus, sondern von einem andern, höheren Punkte, der uns sofort einen Blick auf das schönste Stromthal Westfalens, auf die in silbernen Windungen dahin rauschende Ruhr und ihren Nebenfluss, die Lenne, eröffnet, beginnen wir unsere Wanderung zu den malerischen und romantischen Stellen, welche unser Bildwerk im künstlerischen Spiegel wiedergibt.

Dieser Punkt ist Hohensyburg.

Die Höhe, welche, eine Strecke weit unterhalb des dargestellten pittoresken Kirchleins, von den auf unsrem Bilde nicht sichtbaren Ruinen der Burg Hohensyburg gekrönt wird, kann uns nämlich als eine Warte dienen, von der herab wir uns orientiren über die Ausdehnung und Gestaltung des Landes, in welchem wir uns befinden. Vor uns gen Süden blauen die Höhen des Süder- oder Sauerlandes, des „Herzogthums Westfalen", wie man es nennt, seit die Kirche von Köln nach dem Sturze Heinrichs des Löwen dies Land sich gewann und darin die herzoglichen Rechte übte, welche über das übrige Westfalen kein Dynast und kein Mächtiger, in die Fussstapfen des Löwen tretend, sich zu erringen und geltend zu machen wusste. Westfalen blieb eben seit dem Untergang des grössten Welfen ein herzogloses Land und es ist darum nicht schlimmer gefahren.

Zu unsrer Rechten und Linken dehnen die Höhen des Haarstrangs sich aus, vom Westen, vom niederrheinischen Gebirge her streifend und in fast gerader östlicher Richtung sich fortsetzend bis da, wo das Eggegebirge (die „Ecke") sie verschmilzt mit dem Teutoburger Walde, der nun, in einem Winkel von etwa 45 Graden sich anschliessend, weithin nach Nordwesten sich erstreckt und mit dem Haarstrang zusammen den grossen westfälischen Landbusen umfasst, der hinter uns im Norden sich ausdehnt, nur geöffnet gegen die grosse friesische und holländische Ebene hin.

Diese Configuration der Landschaft hat den wesentlichsten Einfluss auf die geschichtliche Entwicklung derselben geübt. Was da unten hinter uns in dem flachen Landbusen liegt, das hat von der Seite her, an welcher es offen ist, vom Niederrhein, von Holland her, seine geschichtlichen Einflüsse empfangen und dorthin die Strömungen seines Lebens streben lassen. Dagegen wandte das Süderland, welches von der Ebene im Norden durch Fluss und Gebirge geschieden ist, schon früh sein Antlitz gen Südwesten nach dem mittleren Rhein und ging ja auch an eines der rheinischen Erzstifter, an Köln über.

Dazu kommt nun noch der breite Landstrich zwischen Eggegebirge und Weser, zwischen dem Teutoburger Wald und den friesischen Küstenlanden. Dem Osten offen, hat seine geschichtliche Entwicklung auch von dorther vielfache Einflüsse erhalten; es hat unter anderm der von Osten kommenden Reformation sich angeschlossen, während im grössten Theile des übrigen Westfalens die Reformation keinen festen Fuss zu fassen vermochte.

Nach dieser Ueberschau fassen wir die Stelle selbst in's Auge, auf der wir stehen. Sie ist einer der merkwürdigeren Punkte unsres Landes, ein von der Geschichte und von der Sage geweihter Boden: eine der wichtigsten Befestigungen des Sachsenvolks lag hier und später eine mittelaltrige Ritterburg, den Einfluss der Lenne in die Ruhr beherrschend. Die Ruinen dieser alten Burg, die von hoher abschüssiger Wand herab das Ruhr- und Lennethal beherrschte, zeigen nur noch den verstümmelten alten „Belfried" und dürftige Reste von ein Paar Gemächern und von den Ringmauern. Die Burg ist an der Stelle jener alten Sachsenfeste erbaut, welche Karl der Grosse im Jahre 775 erstürmte; im folgenden Jahre suchten die Sachsen sich ihrer wieder zu bemächtigen, allein Karl's Franken kamen zeitig genug, sie zu entsetzen und zu zerstören. Die Gegend umher ist wohl Wittekinds persönliches Eigenthum, einer seiner Höfe gewesen und von Karl zu einem Reichshofe gemacht worden. Unter der Regierung Kaiser Heinrichs IV. soll die Burg zum Schutze dieser Besitzung erbaut und zur Hut als Burglehn einem Rittergeschlecht von Syburg, Syberg, dessen Nachkommenschaft heute noch blüht, übergeben sein. Aus den hütenden Ministerialen wurden aber im Laufe der Jahre arge Stegreifjunker und Heckenreiter; so dass Graf Eberhard II. von der Mark für nöthig fand, sie in ihrer Reichsburg anzugreifen und diese zu zerstören, wie er auch die Schlösser Isenburg und Volmarstein zerstörte, um den Räubereien, die von dort aus geübt wurden, ein Ende zu machen. Dies geschah im Jahre 1287. Dreizehn Jahre später, 1300, wurde der Reichshof Syburg den Grafen von der Mark als Lehen übergeben und blieb seitdem im Besitz derselben.

So viel von der Geschichte Hohensyburgs: mehr von ihm weiss die Sage zu berichten, die sich hauptsächlich an jenes einsame Kirchlein auf der nördlich von der Burg gelegenen Berghalde knüpft, welches unser Bildwerk darstellt. Der Bau der Kirche stammt offenbar aus dem 12. Jahrhundert. Die Sage aber will, dass Karl der Grosse sie erbaut habe und dass Pabst Leo III., als er von den aufrührerischen Römern zu dem Frankenkaiser in das ferne West-

falenland geflohen war, sie geweiht habe; an der Stelle aber, wo
Karl die Kirche erbaut, soll eine heidnische Irminsul oder ein
Krodobild, ein „Krottenteufel" gestanden haben und von dem
blinden Heidenvolke verehrt worden sein.
Finden wir nun auch von der urkundlich beglaubigten Geschichte diese Angaben der Sage nicht bestätigt, so ist eine so uralte Tradition deshalb nicht gerade zu verwerfen. Namentlich ist es
sehr wohl möglich, dass Karl der Grosse hier ein kleines christliches
Gotteshaus, eine Kapelle auf dem Fundamente eines von ihm zerstörten heidnischen Heiligthums errichten liess. Dabei müssen wir
denn freilich die Wunderheilkraft des unfern der Kirche liegenden
Petersbrunnens, der dem Pabste Leo zum Taufbecken für die bekehrten Sachsen gedient haben soll, dahin gestellt sein lassen, wie
ebenfalls, wer eigentlich der Götze Krodo gewesen, über den wir
vergebens Auskunft suchen in den Werken über deutsche Mythologie. Merkwürdig ist es immer, dass alte Chronisten, wie Stangeful in seinen westfälischen Annalen, ihn genau zu beschreiben und
sogar sein Abbild zu geben wissen: „war selbyges Bild, sagt der
letztere, einem alten Kornschneider oder Mähder gleich bekleydet,
mit einem Schurz umgurtet; hat in der rechten Hand ein Fass voll
Rosen, in der Linken, so ausgestreckt in die Höhe, ein Wagenrad,
stund mit grossen rawen Haaren am blossen Kopf mit blossen Füssen
auf einer Seulen und einem rauhen scharfeckigen Fisch, genannt
perca, eine Bürsse, und war die Brust ihm offen." —
Was das Kirchlein selbst angeht, wie es heute dasteht und sich
in unsrem Bilderwerk als Mittelpunkt einer poetisch aufgefassten
„stimmungreichen" Landschaft zeigt, so weist das Schiff die Formenbildung des Anfangs des 12. Jahrhunderts auf; der Thurm dagegen
verräth die entwickeltere spätromanische Architektur des Endes des
12. Jahrhunderts. Das Chor aber ist weit jünger, es ist in spätgothischem Style erbaut. — Architektonische Details von Bedeutung
besitzt die Kirche nicht: höchstens könnte man dahin das von 2
Säulchen eingefasste Südportal rechnen; die Kapitäle dieser Säulchen haben gutgezeichnete Pflanzen-Ornamente. —

Bekanntlich wurde das verlassene und stille Hohensyburg im
Sommer des Jahres 1857 der Schauplatz einer patriotischen Festfeier. Es galt die Inauguration eines Denkmals zu begehen, das

westfälische Männer hier einem um das Vaterland hochverdienten Beamten, dem verstorbenen Oberpräsidenten unsrer Provinz, Freiherrn Ludwig Vincke, errichtet hatten. In Gestalt eines gothischen Thurmes mit einer Gedenktafel ist es dicht neben den Ruinen der alten Burg erbaut und bietet von seiner Plattform herab eine schöne umfassende Aussicht, in deren Kreis auch das Rittergut Haus Busch fällt — das Gut, wo der letzte Sprosse einer Linie des alten Ministerialengeschlechts von Syburg endete und sein altes Stammerbe seinem Schwiegersohne, dem durch das Denkmal Gefeierten, hinterliess.

Der Gegend, durch welche uns der Weg von Hohensyburg nach Limburg, das Lennethal hinauf, leitet, gebührt ohne Widerspruch der Preis vor allen andern Landschaftsbildern unsrer Heimath; unseres Erachtens kommt kein anderer Punkt derselben diesem lachenden Stück Gotteserde gleich. Durch das reichangebaute, breitgedehnte, an beiden Seiten von bewaldeten Höhen eingeschlossene Thal, das Wiesen und Ackerfluren einnehmen, kommt man zuerst nach dem idyllischen Elsey, einst ein „hochadliges, freiweltliches" Damenstift, mit einem Pfarrhaus, worin die Erinnerung an den trefflichen Pfarrer Möller lebt, dem Zeit- und Geistesgenossen Möser's, der in den Drangsalen des Jahres 1806 die Befürchtungen des märkischen Landes, von der Krone Preussens losgerissen zu werden, vor dem Könige aussprach und dessen hochherzige, beruhigende Versicherung darauf zur Antwort empfing. — Noch eine kurze Wegstrecke dann und wir überschreiten die steinerne Bogenbrücke, die uns in unser westfälisches Heidelberg — denn daran erinnert Limburg in der That, geleitet.

Ausser seiner fesselnd schönen Lage hat Limburg selbst keine Merkwürdigkeiten, desto mehr merkwürdige Punkte aber seine Umgebung. Da ist, der Brücke gegenüber am rechten Lenne-Ufer, die Höhe, worauf einst das Schloss Eikel gestanden haben soll und heute das Denkmal Johann Friedrich Möller's errichtet ist, ein Punkt, der die schönste Aussicht bietet; dann der nach Hagen führende Weg mit seinen landschaftlichen Schönheiten, mit der Höhe, worauf einst die zerstörte Feste Raffenberg lag, mit den Felsen der Hühnenpforte und dem Weissenstein. An den Raffenberg knüpft sich eine jener zahlreichen Sagen, deren Vorbild die Geschichte von den Weibern von Weinsberg und wie sie Kaiser Conrad überlisten, ist; in ganz ähnlicher Weise rettete die Burgfrau vom Raffenberg ihren Gemahl, den Grafen Humbert, durch das belagernde Heer seiner Feinde; der freie Abzug ist ihr gestattet worden mit dem, was sie zu dreien Malen aus dem Schlosse tragen kann — und siehe, zum ersten Male trägt sie ihren Gatten, zum zweiten Male ihren Sohn und zum dritten so viele Schätze hinaus, dass sie am Fusse des Berges angekommen unter der Last ihrer Kleinode und Geschmeide zusammenstürzt.

Was wir aber vor allen Dingen von Limburg aus zu besuchen haben, das ist das malerische Schloss auf der Höhe über der Stadt, die Burg Hohenlimburg. Ein bequemer Weg führt hinauf, von sorgfältig gepflegten Anlagen umgeben; so gelangt man an eine Terrasse, wo unter hohen Linden eiserne Geschütze stehen, mehr Reminiscenzen früherer Wehrhaftigkeit als bedrohlich für irgend Jemanden. Das alte Burgthor aus festen eisenbeschlagenen Bohlen ist mit den Emblemen des Jagdrechts, Adler und Falkenklauen, geschmückt, von in Stein ausgehauenen Wappenschildern überragt. Ein überwölbter Thorweg leitet uns dann auf den inneren Hof. Um diesen erheben sich einige alte Bauwerke, die weder durch Grösse noch durch architektonischen Schmuck imponiren; das Hauptgebäude, die Wohnung des fürstlichen Besitzers von Hohenlimburg, ist namentlich ein einfaches, vom Grafen Moritz Casimir von Bentheim-Tecklenburg-Rheda in der Mitte des 18. Jahrhunderts errichtetes Haus. Wo aber die Gebäude den Hof nicht schliessen, da thut dies eine sehr hoch aufgeführte Ringmauer, zu deren Kamm man hinaufsteigt, um dort oben umherwandelnd eine entzückende Aussicht zu geniessen.

Das Schloss zu Limburg ist ein Bau, dessen Ursprünge in das 13. Jahrhundert fallen. Die Grafen Friedrich und Arnold von Altena hatten im 12. Jahrhundert brüderlich ihr Erbe unter sich getheilt. Arnold der jüngere erhielt Isenburg, Nienbrügge und die Grafschaft Limburg an der Lenne. Er nannte sich von Isenburg (an der Ruhr), wo er hauste und den Sohn zeugte, welcher Schmach und Schande bringen sollte über seinen Namen; jenen Friedrich von Isenburg, der bei Gevelsberg den heiligen Engelbert erschlug — am 7. Nov. 1225. In dem Kriegssturm, welcher sich unmittelbar nach dieser That erhob, wurden alsbald alle Schlösser Friedrichs

erobert und niedergebrochen, darunter auch das zu Limburg. Das
Meiste von seinen Besitzungen riss, nachdem Friedrich von der
Kirche gebannt und vom Reich geächtet, sich geflüchtet hatte, der
Vetter desselben, Graf Adolf von Altena, an sich. Die Söhne Friedrichs aber wurden erzogen bei ihrem Oheim, dem Grafen Heinrich
von Limburg in den Niederlanden — er hatte die Schwester des
unglücklichen, endlich vor dem Severinsthor Kölns geräderten Friedrich geheirathet und verwaltete nach Engelberts Tode die Bergischen
Lande, nannte sich auch deshalb Heinrich, Graf von Berg. Er
scheint seine vormundschaftlichen Pflichten gegen die Kinder des
Geächteten redlich erfüllt zu haben; wir finden ihn bemüht, des
Vaters Güter und Besitz ihnen wieder zu gewinnen — jedoch nur
mit geringem Erfolg. Unter dem was er ihnen wieder zu verschaffen
wusste, war aber die Limburg an der Lenne, wo er ihnen statt des
niedergebrochenen Burgstalls ein neues stattliches Schloss erbaute.
Ein alter Chronist erzählt: „Es ist sein (Friedrichs von Isenburg)
Sohn Theodorich bei dem Herzogen von Limburg und Grafen von
dem Berge, seiner Mutter Bruder, aufgewachsen und männlich
worden. Da gedachte gemeldter Herzog Heinrich von Limburg,
wo er seinen Vettern in sein väterliches Erbe, welches Graf Adolf
ingenommen hatte, wiederumb insetzen möchte; machte sich derwegen auf mit einem ansehnlichen Kriegsheer, kame auf die Lehnen, bawete daselbst auf einem hohen Berg ein Schloss oder starke
Festung, welches er nach seinem Namen und Schlosse Limburg
nennete. Er hatte daselbst so mennigen Kriegsman als Steine und
Balken am Hause seyn und das Schloss sollte allezeit seyn und
bleiben den Grafen von dem Berge zu sicherer Zuflucht ab und an
zu ziehen und offen zu stehen."

Die Kinder Friedrichs von Isenburg hatten also in Limburg
wenigstens wieder ein schützendes Obdach, einen eigenen Heerd
gefunden. Sie legten den Namen ihres verbrecherischen Vaters ab
und nannten sich von nun an nach der neuen Burg. Theodorich,
der älteste, wurde so Stammvater eines Grafenhauses von Limburg,
das bis zum Jahre 1459 blühte. In diesem Jahre starb mit Graf
Wilhelm von Limburg der letzte Manneserbe des Geschlechts. Er
hinterliess nur eine Tochter, Margaretha, welche ihre Hand dem
Grafen Gumprecht von Nuwenar reichte und diesem damit die väter-

liche Stammburg zubrachte. Die Grafen von Nuwenar starben 1573 aus; durch die Erbtochter Magdalene von Nuwenar kamen die Besitzungen, darunter auch Limburg, an Magdalenens Gatten Arnold von Tecklenburg. So erklärt es sich, wenn wir heute die Burg im Besitze des Fürsten Moritz Casimir von Bentheim-Tecklenburg finden, der in Rheda seine gewöhnliche Residenz hat, die Sommermonate aber hier oben auf Hohenlimburg zubringt. — Der Weg von Limburg durch das sich nach und nach immer mehr verengernde Lennethal aufwärts nach Altena führt durch eine Landschaft, deren Reiz und Schönheit sich gleich bleibt; namentlich liegen der Ort Letmathe und sein Rittersitz in einer malerischen Umgebung, sind die Felsen: der Mönch und die Nonne merkwürdig mit ihrer steilen, hochaufragenden Wand. Auch tritt uns in diesem Thale bereits die industrielle Betriebsamkeit Westfalens entgegen — die Hochöfen, die Eisenhämmer, die Drahtrollen mischen ihre lauten Stimmen in das Rauschen des kleinen Gebirgflusses, an dem hinauf jetzt auch der Dampfwagenzug der Eisenbahn rasselt. — Endlich sehen wir das Städtchen Altena auf dem schmalen Raum zwischen dem Gebirge und dem rechten Flussufer hingestreckt, links auf der Höhe darüber die Trümmer der pittoresken und denkwürdigen alten Burg, die zwar nicht wie Limburg in wohnlichstem Stande, doch im Ganzen noch wohl erhalten ist, und in der stattlichsten Weise das schöne Landschaftsbild krönt. Weithin streckt sich zu ihren Füssen die Stadt, ausser dem Lennethale noch ein zweites kleineres Thal, das der hier mündenden Nette, füllend. Altena ist nicht weniger als 3 Viertelstunden lang, und lange Reihen saubrer, blanker Häuser zeugen für seine Wohlhabenheit, die Fabrikgebäude für seinen Gewerbfleiss. Zu der Burgruine leitet uns ein bequemer Weg. Hat man den Hof erreicht, so bemerkt man bald, dass die Bauwerke, aus welchen sie besteht, verschiedenen Zeitaltern angehören. Der starke, noch mit seinem Dach versehene Thurm gen Südosten gehört sicherlich zu den ältesten Theilen, die nordwestliche Seite der Burg stammt offenbar aus späterer Zeit. Der Thurm, ehemals der Donjon der Feste, ist im vorigen Jahrhundert zu Gefängnissen benutzt; man zeigt noch ein Folterwerkzeug, einen abscheulichen Marterstuhl, und das Burgverliess. Auch hatte das Schloss noch im vorigen Jahrhundert seinen Commandanten und eine kleine Garnison.

Das Schloss Altena gehört nicht minder als Syburg zu den merkwürdigsten Punkten westfälischer und bergischer Geschichte. Hören wir zuerst, was die Sage von ihm erzählt — wie sie alte Chronisten uns aufbewahrt haben, denn im Volksmunde lebt sie nicht mehr. Um das Jahr 1000, versichert sie, sind zwei Brüder aus dem grossen Geschlechte der Ursini mit Kaiser Otto aus Rom gen Westfalen gekommen und haben vom Kaiser die Gegend um Wupper und Lenne an sich gekauft, auch an der Lenne, auf der Berghöhe, die den Namen Wulfseggo führte, ein Schloss zu bauen begonnen. Als dort die Arbeiter mit dem Fällen des Holzes beschäftigt waren, haben sie ein Haselhuhn aufgeschreckt, das ist einem der zwei Bauherrn in den Schooss geflogen; der hat es in seinem Mantel aufgefangen und zu den Bauleuten gesprochen: das ist ein glückverheissendes Zeichen; der Himmel wird unsrer Arbeit Gedeihen schenken; darum frisch ans Werk! — Als der Bau nun ein Tüchtiges gefördert war, kam der Graf von Arnsberg und entrüstete sich über das Werk und sprach: das Schloss ist mir allzunah — „all te nah". Die beiden Römer aber kümmerten sich wenig um seinen Einspruch und als er mit seinen Mannen kam, den Bau zu zerstören, da war das Schloss bereits stark genug, um sie mit blutigen Köpfen zurückzuweisen. Nach seinem Wort aber erhielt die neue Burg den Namen Altena.

Also die Sage. Seltsamer Weise reicht aber die beglaubigte Geschichte hier weiter hinauf in die graueste Urzeit, als die Sage selber. Schon im Jahre 967 muss nämlich eine Burg Altena gestanden haben. — In der Stiftungsurkunde des Klosters Geresheim aus jenem Jahre findet sich ein Graf Herrmann vom Berge, der auch als Schirmvogt der Abtey Deutz und als Graf von Altena vorkommt. Man nimmt nun gemeiniglich an, Graf Herrmann sei der Stammvater gewesen der Grafen von Huvil, Vögte zum Berge, namentlich von Adolf II. von Berg und Altena, der etwa um das Jahr 1108 (1122?) die Burg zu Altena neu aufbaute und zwei Söhne hinterliess, von denen der ältere, Adolf, Berg mit dem Stammschloss zu Altenberge, der jüngere, Eberhard, Altena zugetheilt erhielt. Die Brüder aber zogen vor, ihr Erbe gemeinschaftlich zu verwalten und ungetrennt zu leben — sie stifteten später die berühmte Abtey Altenberge. Altena blieb also bei Berg; Eberhard hinterliess keine Nachkommenschaft, er war Mönch geworden, und erst Adolf's II. Enkel, Adolf IV., theilte das Land wieder unter seine Söhne Engelbert und Eberhard, so dass Eberhard Altena erhielt. Dieser († 1180) wurde nun der eigentliche Stammvater der Grafen von Altena, durch seinen älteren Sohn Friedrich († 1198), sein jüngerer Sohn Arnold wurde der Stammvater des Hauses Isenburg-Limburg, von dem wir bei Limburg geredet haben. Auf Friedrich folgte in der Grafschaft Altena Adolph, der sich später von der Mark schrieb. — Es hatte nämlich Friedrich von Altena noch vor seinem Ende einen Oberhof Mark an der Ahse, einem Bach, der bei Hamm in die Lippe mündet, von einem Besitzer des Namens Rabod durch Kauf an sich gebracht. Von diesem Hause.Mark soll nun darum Adolf den Namen angenommen haben und ebenfalls das Wappen, weil seit der Blutthat seines Vetters Friedrich von Isenburg ihm der Name von Altena und die rothe Rose im goldenen Schilde, wie der gemeinsame Ahnherr sie geführt, befleckt erschienen. Diese Unterstellung ist sicherlich aus der Luft gegriffen, denn abgesehen davon, dass die Blutthat von einem sich von Isenburg nennenden Vetter begangen war, der ja den Namen von Altena gar nicht trug — abgesehen auch davon, dass das Mittelalter überhaupt nicht so sentimental war, um solche Entschlüsse, wie Ablegen von Namen und Wappen um eines ruchlosen Vetters willen wahrscheinlich zu machen, so findet sich auch bereits 1202, also 23 Jahre vor der Ermordung Engelberts, Graf Adolf in einer Urkunde „puer comes de Marca" genannt! .

Graf Adolf erbaute nun auf den zu seinem Oberhofe gehörenden Weiden, „im Hamme" genannt, eine neue Stadt, welche der Hauptort der sich allmälig, besonders durch den rastlos streitlustigen Engelbert III. zu einem geschlossenen Ländercomplex abrundenden Grafschaft Mark wurde. —

Was aber unsere Burg zu Altena angeht, so wurde sie während der Abwesenheit ihrer Gebieter, welche, seit Adolf den Namen von der Mark annahm, nur noch zeitweise ihren Aufenthalt darin haben mochten — so wurde sie, sagen wir, in die Hut von Burgmännern gegeben, wie es Sitte war in jener Zeit. Aus den Familien dieser dienenden Leute, denen als Sold eine Wohnung in der Burg selbst, nebst einem Gewissen an Naturallieferungen, Gülten und Renten, auch wohl ein kleiner Hof, ein Burgmannssitz in dem unter der Burg liegenden Orte eingeräumt und zu Lehn gegeben wurde — ein Castrifeodum — erwuchsen im Laufe der Zeiten Adelsgeschlechter; so in Altena die Familien der Ritter und Junker von Lüdenscheid oder Altena, die eine herabhängende Kette im Wappen führten und mit Johann von Lüdenscheid genannt Altena im 15. Jahrhundert ausstarben; sodann die wie die Sobbe mit drei Blättern siegelnden Ritter von Altena, deren letzte, Ludolf und Dietrich, im Jahre 1425 zum letztenmal in Urkunden vorkommen.

Bevor wir die Geschichte unsers alten Bergschlosses verlassen können, haben wir unserm Leser noch Auskunft darüber zu geben, in wiefern Altena berechtigt ist, sich, wie es thut, mit Stolz den Sitz von Ahnen unsres erlauchten königlichen Hauses zu nennen. Dies klar und deutlich zu machen, ist eine etwas schwierige Aufgabe; denn hat überhaupt die Mehrzahl der Sterblichen über ein höchst bedauernswürdiges Gedächtniss zu klagen, was Zahlen, Namen und genealogischen Zusammenhang angeht, so steht vollends ein nicht gerade profund gelehrter Mensch rathlos vor dem wahrhaft grausam verwickelten Ineinander-Gewirr der Häuser Berg, Mark, Ravensberg, Cleve, Jülich, Pfalz und Brandenburg, diesem wahren genealogischen Rattenkönig. Versuchen wir, die Sache zu begreifen, indem wir uns an die hervorragendsten Thatsachen halten, und gehen wir aus von unsern Grafen von Altena, die wir als eine Art Secundogenitur des alten, von den Grafen von Teisterbant und Cleve stammenden Geschlechts der Dynasten von Iluvil, Vögte zum Berge, dann Grafen von Berg betrachten können.

Aus diesem Hause der Grafen von Altena oder später Mark heirathete im 14. Jahrhundert Adolf die einzige Tochter des Grafen Dietrich von Cleve, Margaretha. So kommen Mark und Cleve zusammen; seit 1398 ist jenes Adolf und der Margaretha Enkel, Adolf III., Herzog von Cleve und Mark.

Sein Nachkomme Johann III. von Cleve und Mark († 1539) heirathet die Erbtochter der durch frühere Erbheirathen bereits verschmolzenen Länder Berg, Jülich und Ravensberg, so dass sein

Sohn und Erbe Wilhelm die Länder Cleve, Altena-Mark, Berg, Jülich, Ravensberg unter seiner Herrschaft vereinigt. Dieser Wilhelm, welcher 1592 stirbt, hinterlässt einen Sohn, den Herzog Johann Wilhelm, der blödsinnig und ohne Nachkommenschaft 1609 zu seinen Vätern versammelt wird; eine Tochter, Maria Eleonore, welche an Albert Friedrich, den Herzog von Preussen, aus dem Hause Hohenzollern, und eine andere Tochter, Anna, welche an Philipp Ludwig, Pfalzgraf von Neuburg, vermählt ist. — Durch jene Maria Eleonore nun bekam das Haus Hohenzollern seine Erbansprüche auf die reiche Erbschaft der alten Grafen von der Mark oder Altena, von denen in direkter Mannslinie Maria Eleonore abstammte. Der Kurfürst Johann Sigismund von Brandenburg, welcher 1609 die Ansprüche erhob, war der Enkel Maria Eleonorens. —

Ebenso stammt von den alten Grafen von Altena das grosse mächtige Haus von Aremberg. Engelbert II. von der Mark vermählte sich nämlich im Jahre 1298 zu Hamm mit grossen Festlichkeiten mit Mechtild, der Erbtochter der alten Burggrafen von Köln, der Grafen von Aremberg.

Wie für die Geschichte Westfalens, ist Altena aber auch für die blühende Industrie unsres Landes ein höchst wichtiger Punkt. Es ist besonders die Eisen-Industrie, welche hier seit je und bis auf unsre Tage eifrige Pflege fand. Die Fabrikation des Osemunds und des Drahtes hat seit uralter Zeit in diesen Thälern geblüht und würde in den letzten Jahrhunderten bereits einen noch weit grösseren Aufschwung erhalten haben, wenn sich dem nicht die seltsamen nationalökonomischen Prinzipien jener Epoche widersetzt hätten, denen zufolge man nicht wie heute: viel und wohlfeil, sondern: wenig und theuer zu produziren löblich und gewinnbringend hielt. Von diesem Grundsatz geleitet, sorgte die hohe Obrigkeit dafür, dass vier Monate im Jahre hindurch die Hämmer und Drahtrollen still standen — unterdess mussten die Arbeiter sich beim Ackerbau oder bei andern Beschäftigungen schadlos zu halten suchen! Aber auch während der „Campagne", wie der industrielle technische Ausdruck ist, gab es noch eine Menge Stillstandstage und Stillstandszeiten, in welchen die Arbeit ruhen musste; namentlich wurde der Freitag zu einem zweiten Sabbath gemacht; zwei Predigten, welche die

Geistlichkeit an diesem Tage hielt, stempelten ihn dazu. Monopole der „Stapelgesellschaften", Trucksysteme und eine Menge andrer hemmender Verhältnisse wirkten mit, einen grossartigen Aufschwung unmöglich zu machen; auf der andern Seite freilich auch dazu, waghalsige Speculation, Schwindel und Bankrotte fern und alles hübsch in seinen bescheidenen aber respectablen Geleisen zu halten.

Die Blüthe des Eisengewerks, dessen eigenthümliche Kunstgriffe und Vortheile eifersüchtig von den Besitzern der Hämmer und Drahtrollen geheim gehalten und als Privilegia der Orte, wo sie einmal in Schwung waren, betrachtet wurden, — diese Blüthe, sagen wir, weckte natürlich den Neid der Nachbarn. So trachtete z. B. seit lange das benachbarte kurfürstlich kölnische Sauerland danach, es dem glücklichen gräflich märkischen Altena nachzumachen, und insbesondere war man dort auf die Herüberlockung geschickter Meister der Drahtzieherei bedacht. Unter andern war im Anfange des vorigen Jahrhunderts ein Geheimerrath von Dücker zu Rödinghausen eifrig bemüht, diesem letzteren Orte eine Drahtfabrik zu gewinnen. Die ersten Versuche, Arbeiter von Altena herüberzulocken, misslangen, endlich aber glückte es, im Jahre 1721, einen geschickten „Zöger" (Zieher) Namens Stüter anzuwerben. Als man diese Thatsache in Altena erfuhr, war der Mann in Rödinghausen bereits in voller Arbeit. Man trat nun in Verhandlungen mit ihm; man bot ihm volle Straflosigkeit an, wenn er zurückkehren wolle — aber umsonst; es blieb nichts übrig, als zu Gewaltmassregeln zu schreiten. Der Magistrat von Altena gab die Ausführung der Sache in die Hände des Drosten von Pungelscheidt; dieser energische Mann bestimmte sofort den Tag der Expedition. Es wurden Abends vorher sämmtliche „Reidemeister", Schmiede und „Zöger" der ganzen Gegend, auch einige Metzger, letztere als Wegweiser unbekannter Fusspfade, aufgefordert, bei namhafter Strafe den andern Morgen früh um 1 Uhr am bestimmten Rendezvous zu erscheinen. Alle fanden sich pünktlich ein; nun hielt der Droste an die versammelte Menge eine nachdruckvolle Rede, weihte sie in das bis jetzt ängstlich gewahrte Geheimniss der Unternehmung ein, legte ihr mit patriotischem Feuer die Tragweite derselben ans Herz und befahl dann seinen Mannen, still und ohne Lärm aufzubrechen und vorwärts zu rücken, und, sobald man an Ort und Stelle sei, den pflichtvergessenen Menschen in Haft zu nehmen und ihn todt oder lebendig über die Gränze hereinzuholen. Man trat den Marsch an, die Metzger vorauf. Als der Vortrab in einiger Entfernung von der neuerrichteten Drahtrolle bei Rödinghausen anlangte, warnte ein Schieferdecker, der oben auf dem Dache sass, durch Hammerklopfen den Stüter und dieser hatte Zeit, sich zu verkriechen. Die Schaar umzingelte unterdess die Rolle, durchsuchte sie, und erfasste endlich den unglücklichen „Zöger" unter den Stellbrettern bei der Achse. Man zog ihn aus seinem Versteck heraus, hob ihn auf ein vor der Thüre bereit stehendes Pferd, band ihn rasch mit einem Seile um den Leib darauf fest, und dann ging's fort mit ihm im sausenden Galopp. Unterdess blieb ein Theil der Bande in der Rolle zurück, um Alles zu zerstören, was sich darin vorfand, Bänke, Achse, Rad, auch der Grundbaum, der nicht auf sauerländischem (kölnischem), sondern märkischem Gebiet lag, wurde nichts destoweniger gänzlich ruinirt. Unterdess gelangte die Nachricht von dem kriegerischen Zuge der Altenaer nach dem nächsten Städtchen Menden; hier ertönten sofort die Sturmglocken, die Bürgerschaft griff zu den Waffen und stürzte dem Schauplatz der Invasion zu — aber sie kam zu spät: nur ein unglückliches Individuum erfasste sie noch — einen Altenaer Bürger, Namens Vogel, den der Fürwitz getrieben, das neue, etwas anders wie gewöhnlich eingerichtete Drahtwerk genau zu untersuchen und Vermessungen dabei anzustellen — wobei der arme Vogel denn dem Feinde elendiglich in die Hände fiel.

Der Rückzug der Altenaer ging während dessen ohne Gefährde von Statten. Sie zogen an der Edelburg vorüber, wo die Jäger des Hauses auf sie anlegten; als aber der siegesstolze Droste von Pungelscheidt ihnen drohte, er werde keinen Stein von der Edelburg auf dem andern lassen, wenn nur ein Schuss falle, so wurden die Jäger eingeschüchtert. In Hemer wurde Halt gemacht, gerastet, vertilgt was an Speise und Trank im Orte. Dann ordnete man sich zum Triumpheinzug in die Mauern der jubelnden Vaterstadt. Der arme gefangene „Zöger" aber wurde auf die Burg gebracht. In die sogenannte Frauenkammer unter dem Rittersaale sperrte man ihn ein und legte ihn in Ketten; es muss ein schauriges Verliess gewesen sein — die Ratten frassen ihm die Schuhe von den Füssen. Nach zwei Jahren starb der Unglückliche in diesem Loche ohne Trost und Beistand, und wurde in der Gegend der Kluse eingescharrt. Freilich hatten die Mendener mit Repressalien an ihrem Gefangenen Vogel gedroht; die von Altena aber wussten diesen durch List aus seiner Haft zu befreien; man schickte ihm einige Brode in seinen Kerker, in welche Feilen und Dietriche gebacken waren, und mit deren Hülfe war eines schönen Morgens — der Vogel ausgeflogen. —

Der Leser verzeihe uns diese kleine Geschichte, die wir den verdienstlichen Arbeiten L. Jacobi's über die Geschichte unsrer vaterländischen Industrie entlehnen. Es spiegeln sich darin der Geist der Zeit und die Sitten des vorigen Jahrhunderts weit drastischer und eindrucksvoller, als es eine noch so eingehende räsonnirende und allgemeine Schilderung vermöchte.

Heute sind alle die Hemmnisse der freien Thätigkeit beseitigt. In den Kirchen Altenas wird nicht mehr am Freitage zwei Mal gepredigt, die Reidemeister, welche die Drahtfabrication (Reidung) betreiben, sind nicht mehr gezwungen, ihr Produkt für einen festgesetzten Preis nur an eine mit dem ausschliesslichen Monopol beliehene Stapelgesellschaft zu verkaufen; die Zöger sind nicht mehr eine Art Leibeigene der Reidemeister, keine Klovenmeister oder obrigkeitliche Aufseher mischen sich mehr in die Technik des Betriebes; desto grossartiger ist der Aufschwung der Industrie geworden — heute darf man den Werth des allein im Kreise Altena jährlich produzirten Eisen- und Stahldrahts in guten Jahren auf eine Million Thaler schätzen.

III.

Von Altena's landschaftlicher Umgebung könnten wir noch vieles berichten, wenn wir unsrer descriptiven Feder ihren freien Lauf liessen — aber wir betrachten es als die Aufgabe der zeichnenden Künste, die unser Werk ausstatten, von Landschaft und Staffage der Punkte, zu denen unsre Wanderschaft führt, in der Phantasie des Lesers ein Bild zurückzulassen, und wenden uns desto ungetheilter der Aufgabe zu, seinen Fragen nach der historischen

Bedeutung und nach den sonstigen Denkwürdigkeiten derselben entgegenzukommen. Die Lenne aufwärts wandernd, durch ein Thal, dessen Schönheit im Ganzen sich gleich bleibt, wenn es jetzt auch weniger belebt zu werden beginnt als die Strecke bis Altena hinauf war, gelangen wir nach Werdohl, das am rechten Ufer der Lenne liegt, während am linken ihm gegenüber die Vorberge des Ebbegebirges streichen, in welchem die Quellen der Volme und Wupper und die über 2000 Fuss hohe „Nordhalle" liegen. Bei Werdohl öffnet sich das freundliche Seitenthal der Fesse; gegenüber aber, auf einer Berghöhe, liegt in Einsamkeit und Verfall das Haus Pungelscheidt. Nur das Thor und wenige Trümmer sind von der Burg übrig geblieben; daneben ein Pachterhaus, das über der Thür die hängenden Kettenglieder, das Wappen der Familie von Neuhoff zeigt. Einst lebte hier ein Rittergeschlecht von Pungelscheidt als Lehnträger der Kirche Mariae ad gradus zu Köln. Rotger von Pungelscheidt, „geheyter Mund" 1367, scheint der letzte gewesen zu sein, dann kam, schon vor 1400, die Familie von Neuhoff in den Besitz — Rotger von Neuhoff, genannt Pungelscheidt, wird nämlich schon im Jahre 1400 genannt, und von dieser Zeit an sass eine Linie des weitverzweigten, mit einer hängenden schwarzen Kette im silbernen Schilde siegelnden Geschlechts auf dieser Burg; unten in dem Flecken Werdohl stand das Drostenhaus zu ihrer Aufnahme offen. Um das Jahr 1680 bis 1693 wohnte auf diesem Hause Pungelscheidt Herr Dietrich Steffen von Neuhoff zu Pungelscheidt, Herr zu Gelinde, Kurbrandenburgischer Droste zu Nienrade und Cleve, auch märkischer Justizrath, „ein Herr von vielen Wissenschaften und bei Jedermann in grossem Ansehn." Derselbe hatte mit Anna Elisabeth, Steffen von Neuhoff zum Neuhoff und der Adolpha von Ascheberg zur Ruschenburg Tochter, zehn Kinder, von denen der älteste Sohn ein Jahr nach des Vaters Tode 1694 unbeweibt starb, und der zweite Sohn, Leopold Wilhelm, Hauptmann bei den Truppen Christoph Bernhards von Galen, des kriegerischen Bischofs von Münster, auf das väterliche Erbe verzichten musste, so dass der dritte, Franz Bernhard Johann, Herr zu Pungelscheidt, Rade, Ebach, Gelinde, Muckhausen und Sassenrade, preussischer geheimer Regierungsrath, Droste zu Neuenrade, Altena und Iserlohn „den Stamm fortpflanzte". Was aber den enterbten zweiten Sohn Leopold Wilhelm angeht, so hatte er sich „in seinen noch jungen Jahren mit einer bürgerlichen aus Viset an der Maas bei Lüttich vermählt. Die Unzufriedenheit seiner Familie mit dieser Heirath, die ihn von der Nachfolge in den Familienbesitzungen ausschloss, veranlasste ihn endlich, seine Heimath ganz zu verlassen und nach Frankreich zu gehen, um dort Kriegsdienste zu nehmen. Er hat auch das Commando über ein Fort, welches einen Theil der Fortificationen von Metz ausmacht, erhalten. Allda hat er in seiner Ehe zwei Kinder erzeugt, nämlich den Baron, welcher jetzo auf der Insel Corsika eine ganz besondere Person spielt, und eine Tochter, die den Grafen von Trevoux geheirathet hat." Es ist also nicht, wie irrig behauptet worden, die Burg Pungelscheidt das Geburtshaus König Theodors I. von Corsika und Capraja; es ist bloss der Stammzitz des Geschlechts, das dem merkwürdigen Manne das Leben geben sollte, den wir mit ächt westfälischer Zähigkeit eine Reihe von Jahren hindurch immer von neuem um eine chimärische Krone ringen sehen, welche bei einem wilden, leidenschaftlichen, stets unter sich getheilten Volke gar nicht zu behaupten war; gesetzt auch, Theodor von Neuhoff wäre nicht ein Fremder, ein Protestant gewesen und hätte die Aufschneidereien, die seltsamen Gewohnheiten und Sitten des Abentheurers abgelegt gehabt, um sich dem nationalen Geiste und dem Wesen des Volkes, dem er gebieten wollte, näher zu stellen.

Die Quellen über das Leben Theodors sind zumeist französischen Ursprungs, und diese zeigen ihn wohl im Ganzen in einem ungünstigeren Lichte, als er es verdient, weil es ja die mit der Republik Genua verbündete französische Macht war, welche er auf Corsika bekämpfte. So ist denn die Vorstellung, welche man sich gewöhnlich von ihm macht, auch wohl eine gefärbte, und jedenfalls ist in diesem Manne eine ganz aussergewöhnliche Thatkraft und eine bewundernswürdige Intelligenz, die unerschöpflich an Muth, Selbstvertrauen und der Auffindung neuer Mittel zu ihrem Zweck ist, anzuerkennen. Uns fehlt der Raum, dies durch eine Skizze seines bewegten und abentheuer-erfüllten Lebens zu rechtfertigen; es ist uns höchstens verstattet, wie wir unsere Leser an die Wiege seines Geschlechts geführt, sie auch zu seinem fernen einsamen Grabe zu führen. Er hatte sich nach dem Scheitern seiner letzten Unternehmung gegen Corsika nach London begeben; hier aber regten sich seine Gläubiger gegen ihn, so dass er sich in eine Freistätte flüchten musste, um gegen die Constabler sicher zu sein. Nun wurde ihm vorgespiegelt, der Minister Lord Granville wünsche ihn zu sprechen. Er beging darauf die Unvorsichtigkeit, sein Asyl zu verlassen, und alsbald wurde er verhaftet und in das Schuldgefängniss der Kingsbench gebracht. Lord Horace Walpole, der im Grunde an ihm wohl nur jenen Antheil nahm, den er allen Curiositäten widmete, ersuchte Hogarth, den gefallenen Monarchen heimlich für ihn abzumalen, und veröffentlichte in der Zeitschrift: „The World" einen Aufsatz, um zu Gunsten des Gefangenen eine Unterzeichnung in Gang zu bringen. Allein diese trug nur 50 Pfund ein: so schlecht, bemerkt Walpole, sei der Ruf Sr. Majestät! Obschon jedoch, fährt er dann fort, diese Summe Theodors Verdienst weit überstiegen, so sei sie doch so tief unter seiner Erwartung geblieben, dass er sie zwar angenommen, aber einen Anwalt zum Herausgeber des Journals geschickt habe, um diesem deshalb, dass er sich mit seinem Namen solche Freiheit erlaubt, eine Klage anzuhängen!

Man erzählt bekanntlich, Theodor von Neuhoff habe die Männer, welche ihm jene kleine Summe überreichten, mit königlicher Würde empfangen, das Grossmeisterkreuz seines Ordens „von der Befreiung" auf der Brust, sitzend auf einem Thron, zu dem er den Himmel seines Bettes umgeschaffen gehabt habe. — Doch ist diese Erzählung wohl nur der Einfall irgend eines humoristischen englischen Journalisten. —

Nachdem der ehemalige König sechs Jahre im Gefängnisse der Kingsbench zugebracht, machte er sich die „Insolvenzakte" zu Nutzen und überliess, um den Bestimmungen derselben zu genügen, den Gläubigern seine ganze Habe, nämlich das Königreich Corsika, welches dann auch feierlich zu diesem Behuf einregistrirt wurde. Sobald er darauf in Freiheit gesetzt worden, nahm er eine Sänfte und begab sich zum portugiesischen Gesandten, den er aber nicht zu Hause traf; da er nun keinen halben Schilling hatte, um die Träger zu bezahlen, so beredete er sie, ihn zu einem Schneider auf Soho-Square zu bringen, den er kannte und diesen bewog er, ihn zu beherbergen. In dessen Hause ist denn der König von Corsika auch gestorben. Walpole liess ihm auf dem St. Anna-

Kirchhofe in Westminster einen Grabstein setzen und schmückte denselben mit der bekannten Inschrift: „Das Grab, der grosse Lehrer, macht Helden und Bettler, Galeerensklaven und Könige gleich. Aber Theodor erfuhr diess, bevor er starb; das Schicksal überhäufte ihn schon bei seinen Lebzeiten mit seinen Prüfungen; es schenkte ihm ein Königreich und versagte ihm Brod."

So viel von König Theodor — es ist merkwürdig, dass die zwei thatkräftigsten Männer, welche Westfalen jemals hervorgebracht hat, und die freilich beide ins Ausland wandern mussten, um einen Schauplatz für die Entwicklung ihrer Energie zu finden, so ganz denselben Erdfleck zur Heimath hatten. Denn kaum einer Meile Gehens bedarf es, und wir stehen an dem Punkte, von welchem einer der grössten Männer der deutschen Geschichte, von welchem Walter von Plettenberg den Namen trug.

Indem wir nämlich dem Ufer der Lenne entlang wandern, gelangen wir an eine Thalöffnung, uns zur Rechten, in der, nur eine kleine Strecke aufwärts, an der Vereinigung dreier Bäche (Else, Oester und Grüne) das Städtlein Plettenberg d. i. Platt am Bracht oder Berg, liegt, wo einst die Stammburg des vornehmsten Westfälischen Adelsgeschlechtes stand, die jetzt freilich verschwunden ist und den industriellen Schöpfungen der Neuzeit weichen musste: wenn es überhaupt eine Stammburg, und nicht selbst schon eine industrielle Schöpfung, d. h. eine Mühle war, denn die ältesten Plettenberg nannten sich van der Moelen. Verlassen wir dann den romantischen Thalkessel, worin Plettenberg liegt und setzen unsere Wanderung die Lenne aufwärts fort, durch das von hohen und schroffen Bergwänden eingedämmte Thal, so erhebt sich bald vor uns die malerische Burg Schwarzenberg, einst ein imposantes hochgebietendes Schloss, von der Lenne in weitgeschlagenem Bogen schützend umströmt — wie es heute den Blicken sich darstellt, zeigt das schöne Farbenbild, welches wir bringen; halb liegt es in Trümmern, halb ist es so weit restaurirt, um als die Wohnung eines Försters dienen zu können; aber immer noch ist es schön und pittoresk, und die willkommenste Staffage für die wilde Romantik dieser schönsten Strecke des Flusslaufs. Der beste Punkt in der Nähe, um die ganze Landschaft in's Auge zu fassen, ist der sogenannte Graf Engelberts Stuhl, ein Sitz, den die Natur an der Kante eines hohen Felsens anbrachte, und von wo herab man die Lenne tief unter sich fünfmal in neuer Windung aufglänzen sieht. Gen Osten blickt man von hier bis zu den Höhen der „Homert," im Südwesten und Westen blauen die Gipfel des Ebbegebirges; der hohe Hemberg schliesst das Landschaftsbild gen Norden ab — in der Tiefe am Fluss liegt das malerische Dörfchen Pasel und zwei Burgruinen flankiren noch das alte Schloss Schwarzenberg.

Schwarzenberg ist ein Bau, der im Jahre 1301 für Eberhard II. von der Mark durch seinen Truchsess Rütger von Altena errichtet wurde, einen jener Ministerialen, von denen wir oben sprachen. Im Jahre 1345 schon waren die Plettenberg, die auch im weiter aufwärts liegenden Lennhausen einen Sitz hatten, im Besitz — schon damals findet sich ein „Gert von Plettenbracht geheyten van der Moelen zu Schwarzenberg." Der Name Plettenberg kommt zuerst vor um 1157; die Familie theilte sich frühe in viele Linien, von denen die zu Lennhausen und zu Schwarzenberg die namhaftesten sind; ihre Besitzungen waren weit über ganz Westfalen verbreitet; es gehörten zwei erbliche Kammerherrenstellen dazu, und unter andern ein kölnisches Lehn bei Soest, ein „Botenlehn," wofür der Vasall, wenn der Erzbischof nach Soest kam und Gericht halten wollte, die Beisitzer, Grafen und Schöffen zusammenrufen musste (gebotenes d. i. gebotetes Ding) auch die Verpflichtung hatte, in den erzbischöflichen Pallast 7 Bettstellen mit Streu, und ebenso viele Matrazen und Kissen zu liefern. — Um 1293 bis 1311 war Johann von Plettenbracht Marschall von Westfalen, ein rühmlich thätiger Mann, der die Städte Hallenberg, Osterfeld und Belecke erbaute. Es ist uns die Art und Weise erhalten, wie dies geschah, und wir sehen daraus, auf welchem Wege unsere kleinen Städte, zum Theil wenigstens, entstanden sind. Osterfeld war ein grosser Haupthof, zu dem 30 Mansen, Absplisse, auf welchen kleinere, dazu gehörende Höfe angelegt waren, gehörten. Diese Mansen lagen nach altwestfälischer Sitte zerstreut; in Folge der Fehden und Mordbrennereien jener Zeit waren sie aber sämmtlich wüst und öde. Johann von Plettenbracht liess nun statt dieser Höfe dreissig Plätze rund um den Haupthof ausmessen, gross genug, um eine Hausstelle für den Colonen zu bieten und noch eine zweite für einen „Mundmann" oder Heuerling. Da aber 60 Häuser nicht ausreichten, um eine wehrfähige Stadtbevölkerung zu beherbergen, so wurden noch 25 neue Mansen aus Waldland geschaffen, noch 25 Hausplätze hinzugefügt, das Ganze mit Mauer und Graben umgeben, und die Stadt war fertig. Es fehlte weiter nichts als die Bestimmung dessen, was jeder der Colonen an die Herrschaft zu zehnten und zu zahlen hatte und das, als die Hauptsache, wurde natürlich nicht vergessen.

Das Merkwürdigste bei dieser Schöpfungsgeschichte einer westfälischen Stadt ist jedenfalls das, dass nicht alle Bauerschaften sich so in städtische, wehrhafte Gemeinwesen zusammenzogen und zu Schutz und Trutz an einander rückten. Es ist wirklich fast unerklärlich, dass in den Zeiten völliger Rechtlosigkeit, wo unaufhörliche Fehden und Raubzüge unser Land verheerten, der Bauer seiner alten, ganz vereinzelt und schutzlos liegenden Hofesstätte treu blieb, und, wenn ihm Mordbanden zehn Mal sein Haus niedergebrannt hatten, es zum zehnten Male geduldig wieder da aufbaute, wo es nun einmal schon in den Zeiten der Cimbern und Teutonen gestanden hatte. In allen andern deutschen Ländern war das Entstehen von Städten die Folge jener Zustände — in Westfalen allein blieb „die Bauernschaft," das Wohnen sicut fons aut nemus placuit und — möglichst weit entfernt vom Nachbar!

Einen bedeutenden Aufschwung erhielt die Familie Plettenberg am Ende des siebenzehnten Jahrhunderts dadurch, dass Friedrich Christian von Plettenberg zum Fürstbischof von Münster erwählt wurde. Er erstand die Herrschaft Wittem und die Herrlichkeit Nordkirchen, womit das Erbmarschallamt des Fürstenthums Münster verbunden war. Der Kaiser verlieh nun (1724) den Reichsgrafentitel und die Reichthümer wurden so gross, dass, als des Bischofs Neffe, Franz Joseph, nach Italien reiste, sein Vater Ferdinand von Plettenborg-Nordkirchen ihm 32 Wagen mit Silberwerk, Gemälden u. s. w. nach Holland und von da zu Schiffe nach Italien vorausandte. Der Sohn starb jedoch auf der Hinreise in Wien, die ganze Sendung wurde in Rom verkauft. Als besondere Vorrechte der Grafen Plettenberg wurden aufgezählt, dass den Besitzer von Nordkirchen allein der fürstliche Geheimerath mit Sie anredete, und dass er allein mit 6 Pferden bei Hofe auffahren durfte. — Der letzte männliche Erbe der Plettenberg-Nordkirchen, der Graf Maximilian Friedrich, † 1813, soll auf seinen Schlossgräben mit Kronthalern die Ricochetwürfe gemacht und ganz unermessliche Summen vergeudet haben.

So viel von dem Geschlechte, welches ehemals auf Schwarzenberg hauste, im Allgemeinen; leider ist es den Genealogen bis jetzt nicht gelungen, für den wahrhaft grossen Mann, den es hervorbrachte, die Stelle zu finden, wo er in die Stammtafeln desselben einzufügen, mit andern Worten, wann und wo er geboren ist. Seine Wahl zum Herrnmeister des deutschen Ordens fällt in das Jahr 1494. Sonst fliessen die Geschichtsquellen reichlich genug über sein Leben und seine Thaten. Er hat eine Stätte gefunden in dem deutschen Pantheon, der Schöpfung König Ludwigs von Bayern, und dieser sagt über ihn in seinen Walhalla-Genossen: „Zwiespalt, öfters blutiger, zerrüttete seit dreizehn Jahren Livland, als Walter von Plettenberg, ein Westfale, des deutschen Ordens Heermeister daselbst wurde. Einigkeit, wozu es seiner grossen Klugheit bedurfte, stellte er her und Ordnung; hierauf zog er nach Russland von Moskaus Zar Genugthuung zu holen wegen dessen schauderhaften Einfalls unter dem vorigen Heermeister. Mit 4000 besiegte Plettenberg 40,000; nur Seuche zwang ihn zum Rückzuge. Abermals fielen die Russen ein und ein neuer Zug in ihr Land geschah. Wie eine Herde Schafe das kleine Ordensheer nach Moskau zu führen hatte der Zar sich gerühmt, aber zur Flucht, zum Frieden wurde er gezwungen. Zum Reichsfürsten mit Sitz und Stimme auf dem Reichstage ernannte der Kaiser Livlands Heermeister. In Krieg und Frieden waltete Walter von Plettenberg, vom Hochmeister fast unabhängig, weise, ruhmvoll." —

Die Regierungszeit Walters von Plettenberg als Herrnmeister von Livland fällt in die Epoche des Niedergangs des grossen Ordens der Marianer, aber sein mächtiger Herrschergeist wusste ihn zu neuer Blüthe emporzuheben. Der verdienstvollste Theil seiner Wirksamkeit ist wohl sein Herrschen und Walten in dem so arg heimgesuchten, ihm untergebenen Lande; seine gesetzgeberische Thätigkeit, welche das sogenannte Ritterrecht fixirte, dass es von nun an allgemeines Landrecht für alle Stände wurde; seine Massregeln zur Hebung und Verbesserung der Lage des gedrückten Bauernstandes, sowie zur Belebung des Verkehrs und Handels, zur Herstellung öffentlicher Sicherheit, u. s. w. Der Ruhm seines Namens knüpft sich jedoch hauptsächlich an jene grossen

Schlachten, die Tage von Maholm und von Pleskow, an denen Plettenberg mit seinem kleinen Haufen über die unermesslichen Heere des Zaren Iwan Wassiljewitsch Siege erfocht, welche vielleicht die glorreichsten sind, die der an Siegen so reiche Orden je erkämpfte. Bei Pleskow war das Heer der Russen 90,000 Mann stark; es waren Truppen, welche mit einer wilden und hartnäckigen Tapferkeit stritten, welche mit solcher todesverachtenden Ausdauer ihre wüthenden Angriffe wiederholten, dass das livländische Fussvolk des Herrnmeisters, von dem langen Kampfe ermüdet, endlich auf den Knieen liegend stritt. Und doch überwand sie Walter zuletzt mit seinen 7000 Reitern, seinen 1500 deutschen Landsknechten und seinen 5000 lettischen und kurischen Bauern; er brachte ihnen eine Niederlage bei, dass 40,000 Russen und Tartaren auf dem Platze blieben (13. September 1502). Dafür behauptete denn auch der Herzog von Rohan in seinem Buche „Le parfait Capitaine," die drei grössten Helden der Geschichte seien Alexander, Cäsar und Plettenberg gewesen. Das Andenken an den grossen Herrnmeister erhalten die Ruinen des von ihm aufgebauten Ordensschlosses zu Wenden und das Schloss zu Riga, das Plettenberg ganz neu erbaute, und über dessen innerem Hofe die Statue des glorreichen Erbauers oben hoch in den Lüften schwebt. Der siegreiche und grosse Ordensmeister ahnte bei diesem Werke wohl nicht, dass er mit seinem stolzen Neubau nur für die Residenz des heutigen kaiserlich-russischen Generalgouverneurs von Esth-, Liv- und Kurland sorge!

IV.

Wir folgen dem Flussthale der Lenne nicht weiter hinauf. Die Romantik da oben nach Winterberg und dem hohen Astenberg hinüber wird denn doch gar zu wild und öde — und so versetzen wir uns lieber in das Thal der Ruhr zurück, — da, wo es seinen ursprünglichen Charakter der Rauheit und Einsamkeit, der im oberen Theile auch ihm eigen ist, verliert und in das Idyllische übergeht; als Gränzpunkt zwischen beiden Gebieten kann man etwa das helle freundliche Städtchen Meschede annehmen. Ein sehenswerther Punkt in der Nähe von Meschede ist das gräflich westfalensche Schloss Laar, inmitten hübscher Garten- und Parkanlagen, das nicht wenig beiträgt, diese Stelle des Stromlaufs zu verschönern. Es sind die Westfalen, deren eigentlichen Stammsitz das weiter unten an der Ruhr liegende Fürstenberg ist, ein altes Paderbornisches Ministerialengeschlecht — an der Spitze ihrer Stammtafel steht ein Johannes miles condictus Westfal 1199; zwei Generationen nach ihm findet sich bereits ein Land- und Herrnmeister in Livland, Andreas Westfal, der 1274 in Litthauen erschlagen ist. In den Reichsgrafenstand erhoben wurden die Westfalen in der Person des kaiserlichen Geheimraths und Burggrafen zu Friedberg, Clemens August, der 1813 gestorben ist — auch sie wie die Plettenberg, nachdem ein Mitglied der Familie (Friedrich Wilhelm, vorletzter Fürstbischof von Paderborn und Hildesheim) den Fürstenthron bestiegen hatte. — Der jetzige Besitzer von Laar, Graf Clemens August führt eine Virilstimme beim Herrenstande der Provinz Westfalen.

Der nächste bedeutende Punkt im Ruhrthale ist Arnsberg; eine gewaltige Krümmung des Flusses bildet eine hügelichte Halbinsel, über welche die untere und die obere Stadt, vom Flussufer emporsteigend, sich ausdehnt, bis oben auf dem Gipfel der Höhe die weitläufigen Ruinen des alten Schlosses sie begrenzen. Dieses alte Schloss ist ein für unsere Geschichte höchst denkwürdiger Punkt. Es ist eine Schöpfung der alten Grafen von Westfalen, die ursprünglich zu Werl sassen, und sich verzweigten in die Grafengeschlechter von Berg, Altena, Mark, Ravensberg und Arnsberg. Die Linie zu Arnsberg lässt sich verfolgen bis zu Herrmann II., (einem Nachkommen jenes Herrmann, dessen wir Seite 14 erwähnten), der als Vogt des Abts von Werden von diesem viele Güter in und um Arnsberg abgetreten erhielt. Sein Enkel Conrad II., Graf von Westfalen zu Werl, nahm um 1077 den Sitz zu Arnsberg. Er war vermählt mit einer Tochter Otto's von Nordheim und wurde 1092 mit seinem Sohne Herrmann IV. von den Morseten, einer slavischen Völkerschaft, erschlagen. Ihm folgte Friedrich I. der Streitbare, Graf von Westfalen zu Arnsberg, der 1124 starb und wohl den von seinem Vater begonnenen Schlossbau zu Arnsberg vollendete. Friedrich der Streitbare, auf den wir unten bei Gelegenheit der Wevelsburg zurückkommen werden, hinterliess zwei Töchter, von denen die älteste den Grafen Gottfried I. von Cuich oder Cuik heirathete — an die Grafen von Cuich kam also nun das Erbe des Hauses. Der erste derselben, Heinrich, stiftete das schöngelegene Kloster Weddinghausen dicht an Arnsberg liegend, im Jahre 1170. Sein ältester Sohn Heinrich wurde Stifter der Grafen von Rittberg, sein zweiter Sohn, Gottfried II., setzte das Geschlecht der Arnsberger Grafen fort, das sich erhielt bis auf seinen Ururenkel, den kinderlosen Graf Gottfried IV., der im Jahre 1368 sein Land dem Erzbisthum Köln verkaufte. Dieser starb drei Jahre später, am 21. Februar 1371; seine Gemahlin Anna von Cleve folgte ihm 1377. Seitdem gehörte Arnsberg dem Krummstab; doch sorgte auch dieser für die Erhaltung und den Weiterbau des alten Grafenschlosses, namentlich haben die beiden letzten Kurfürsten aus dem Bayerischen Hause, Joseph Clemens und Clemens August es verschönert und erweitert. Im siebenjährigen Kriege wurde es hart mitgenommen durch die Geschütze des Herzogs von Braunschweig, und im Anfang dieses Jahrhunderts hat man es dann dem Verfall überlassen und das Material zum Bau öffentlicher Gebäude hergegeben. Nach den mündlichen Ueberlieferungen von seiner ehemaligen Grösse, für welche denn auch die weiten Trümmer zeugen, kann man dies nur tief bedauern; namentlich wird ein Saal von unermesslicher Grösse gerühmt, in welchem vierspännige Wägen hätten wenden können. Neben dem alten Schlosse liegt der Baumhof, wo der Freistuhl des Fehmgerichts stand, der, dem Dortmunder gleich geachtet, eine Art von Berufungsinstanz bildete; hier auch, „im Baumhove vor dem Schlosse zu Arnsberg", kamen die Freigrafen zu einem Kapitel zusammen, hier sind die Reformationen der Freigerichte aufgerichtet worden.

Von den alten Arnsberger Grafen müssen wir noch erwähnen, dass sie die Herzogsrechte in ihrer Grafschaft ausübten und des Reiches Vorfechter zwischen Weser und Rhein waren — d. h. sie hatten das Recht, in den Reichskriegen auf rother Erde die Vorhut zu führen und das Reichsbanner zu tragen — wie die Herzoge von Würtemberg des Reiches „Sturmfahne" in Schwaben trugen.

Arnsberg ist ursprünglich ein gar bescheidenes Städtchen, dem erst Kurfürst Salentin von Isenburg am Ende des 16. Jahrhunderts zu einem einigermassen reputirlichen Ansehn verhalf. In der Kölnischen Zeit führte eine Regierung, an deren Spitze ein Landdrost stand, die Verwaltung des Landes, d. h. der Grafschaft Arnsberg und des kölnischen Sauerlandes, des Herzogthums Westfalen, das schon seit dem Sturz Heinrichs des Löwen 1182 an die Kirche von Köln gekommen war. Nach Arnsberg flüchtete denn auch das Kapitel der Kölnischen Metropole seine Schätze, namentlich den Schrein der heiligen drei Könige, als 1794 die Truppen der französischen Republik das linke Rheinufer besetzten. Der Luneviller Frieden und der Regensburger Reichsdeputationshauptschluss wiesen das Land dem Hause Hessen-Darmstadt zu, der Wiener Congress der Krone Preussen, welche letztere 1816 von Arnsberg Besitz ergriff. Damit begann eine ganz neue Aera für unsre Stadt, und zwar hauptsächlich dadurch, weil der Oberpräsident von Vincke entschieden darauf bestand, hierhin den Sitz der Regierung für die Grafschaft Mark und das Herzogthum Westfalen zu legen. Es boten sich freilich dazu andre grössere Städte dar, namentlich Soest, oder auch Dortmund, die unendlich mehr Raum und passende Localitäten geboten hätten; an solchen besass Arnsberg so gut wie nichts. Es heisst in der Lebensbeschreibung des Geheimenraths und Präsidenten Georg Wilhelm Kessler (Leipzig, 1853): „Arnsberg hatte nits zu bieten als die Ruine eines alten Schlosses der ehemaligen Grafen von Arnsberg, welches im Revolutionskriege zu Ende des vorigen Jahrhunderts zerstört wurde und dessen Mauern, grösstentheils abgetragen, zur Erbauung eines Gefangenhauses benutzt wurden. Um dieses Schloss herum hatten sich allmählich ungefähr 2000 Einwohner angesiedelt. Auf dem langausgestreckten schmalen Felsrücken, der von der schnell hinrauschenden Ruhr umspült wird, so dass er fast einer vulkanisch emporgetriebenen Halbinsel gleicht, stand in entgegengesetzter Richtung der Schlossruine eine grosse Kirche mit Klostergebäuden (Weddinghausen), welche letztere nach der Säcularisation zu einem Gymnasium oder lateinischen Schule verwandt worden waren, der (noch bis 1814) ein ehemaliger Klosterbruder als Direktor vorstand. Das war alles, und wenig genug für den Sitz einer Regierung, die über 300,000 Menschen regieren sollte. Allein Hr. v. Vinckes Ansicht war, während die aufgeklärte, evangelische Mark durch ihren Gewerbfleiss hinlänglich gesundes Leben in sich trage, müsse dem katholischen Theile des neuen Regierungsbezirks auch Leben eingehaucht werden, und solches sei am sichersten zu erreichen, wenn man den Sitz der Regierung mit Präsidenten, Direktoren, Räthen u. s. w. in dessen Mitte, in das Herz des alten Herzogthums selbst lege. So kam es denn, dass 1816 ein Heer von etwa 60 Beamten höherer und niederer Grade, mit und ohne Familien, nach dem Städtchen Arnsberg gewiesen wurde, die sämmtlich eigentlich nicht wussten, wo sie auf dem schroffen Felsen, unter den schroffdenkenden Ureinwohnern Obdach finden sollten. Um ein Regierungsgebäude zu beschaffen, wurde das erwähnte Gefangenenhaus, nachdem seine unfreiwilligen Bewohner anderswo untergebracht waren, mit Bureaux und Sessionszimmern eingerichtet. Für das Unterkommen der Beamten traf man die Vermittlung, die grossen Kirchhöfe um das Kloster herum zu Baustellen zu vertheilen und die Einwohnerschaft des Städtchens zu ermuntern, nun Häuser darauf zu bauen. Ein Drittheil der Baukosten wurde ihnen dazu geschenkt und überdem noch eine Prämie denjenigen versprochen, die schnell und am zweckmässigsten bauten. So entstand nach wenig Jahren zwischen der Ruine mit dem alten Städtchen, und der Kirche mit den Klostergebäuden eine neue kleine Stadt mit lauter bunten Häuserchen, in deren Mitte ein freundlicher Marktplatz abgesteckt, an demselben eine evangelische Kirche und ein Postgebäude vom Staate erbaut, und durch einen Richtigspeculirenden ein grosser Gasthof errichtet wurde. Strassen wurden nach allen Seiten angelegt, um den im Gebirge vergrabenen Regierungssitz zugänglich zu machen, und Hrn. v. Vinckes Belebungsidee konnte nun ihre Wirksamkeit beginnen."

Das hat sie denn auch gethan, aber kaum in dem Masse, welches sich ihr Erfinder davon versprochen hat. Wir wissen heute, dass, um Leben und Bewegung, Aufschwung und Blüthe hervorzurufen, bureaucratische Einrichtungen, geschweige denn ein bureaucratisches Collegium, nicht die rechten Mittel sind; Verkehr, Industrie, Handel wirken da anders, und daran wird sich Arnsberg wohl erst dann recht energisch betheiligen können, wenn es seine projektirte Ruhr-Eisenbahn hat.

Wandern wir durch das freundliche Ruhrthal von Arnsberg weiter abwärts, so gelangen wir oberhalb Neheim an einen Punkt, wo ein Gebirgswässerchen von links her sich in unseren Fluss wirft, und uns einlädt zu einer kleinen Abschweifung von unsrem Wege, in das freundliche Thal hinein. In der That, es war ein guter Gedanke, dem wir nachgegeben haben — denn kaum sind wir eine Viertelstunde aufwärts geschritten an diesem Bach — die Höh heisst er, wenn wir nicht irren — so erheben sich vor uns die Thürme, Giebel, Zinnen und Zacken des stolzesten Grafenschlosses im Westfalenlande, das prächtige Herdringen, das inmitten seines schönen Parks einen überraschenden Anblick darbietet. Es ist an der Stelle des alten Edelsitzes Herdringen, des Stammhauses der Hauptlinie der Fürstenberg, ganz neu von dem jetzigen Grafen Egon in den Jahren 1840—1845 und nach den Planen des Kölnischen Baumeisters Zwirner aufgeführt, gross und schön, wie eine königliche Residenz und jedenfalls ein würdiger Sitz für ein Geschlecht so rühmlichen Namens. Es stammen die Fürstenberg ursprünglich von den Grafen von Oldenburg und wären danach also eigentlich dynastischen Ursprungs, wie ebenfalls die alten Edelherrn von Grafschaft, deren Erben sie wurden. Ihren Namen führen sie von der nicht weit entfernten, bei Neheim an der Ruhr liegenden Burg Vorstenberg, welche 1345 von dem Grafen von der Mark und Arnsberg zerstört wurde. Seitdem nahmen sie ihren Hauptsitz in dem weiter unten an der Ruhr liegenden Waterlap. In neuerer Zeit sind Herdringen, die Adolfsburg tief im Sauerlande und Stammheim bei Mülheim am Rhein ihre Haupt-Sitze geworden. Reichsfreiherrn wurden sie durch Kaiser Leopolds Diplom vom 20. Mai 1660 — Grafen durch den König Friedrich Wilhelm IV. im Jahre 1840. Sie siegeln mit zwei rothen Querbalken in goldnem Schilde. Es ist an ausgezeichneten Männern, an eigenthümlichen Charakteren und an Umfang des Besitzes kein anderes westfälisches, ja wohl kein anderes deutsches Adelsgeschlecht reich wie die Fürstenberg. Was die erstgenannten angeht, so sehen wir sie alle zunächst im Dienste der Kirche, doch hier vorzugsweise die Talente des Staatsmanns und Administrators entwickelnd. Am glänzendsten tritt dies hervor in Ferdinand von Fürstenberg, der 1626 geboren und 1661 zum Fürstbischof von Paderborn gewählt wurde. Er war ein Charakter, der in seinen Grundzügen die westfälischen Race-Eigenschaften durchaus nicht verläugnete, eine strenge, feste, aristokratische Natur, wenn auch dies nicht in dem Grade wie sein Vorfahr und Vorgänger auf demselben Bischofsstuhle, Theodor von Fürstenberg, der die Jesuiten in Paderborn einführte, und der sich als sehr gestrengen Herrn, und nebenbei vortrefflichen Haushalter erwies. Bei Ferdinand von Fürstenberg sehen wir diese Eigenschaften gemildert durch christlichen Sinn und hohe geistige Bildung. Um ganz die Verdienste dieses trefflichen Mannes, der durch jahrelangen Aufenthalt in Rom — er war Cameriere segreto des Pabstes Alexander VII — seine Ausbildung erhielt, zu schildern, müssten wir in das Detail einer Administration eingehen, welche, wie man sich ausdrückt, das goldene Zeitalter über sein kleines Land heraufführte. Wir müssten dabei das, unseren heutigen Finanzministern gewiss räthselhafte Ergebniss hervorheben, dass, während auf der einen Seite für die Hebung des Landes alles Mögliche geschah, Posten eingeführt, Fabriken angelegt, Schulden abgetragen, die arbeitenden Classen durch Bauten aller Art beschäftigt wurden, doch die Steuern so gemindert werden konnten, dass sie im Jahre 1666 z. B. so unbedeutend und gering waren, wie vielleicht nie vorher. Seinen bleibenden Ruhm verdankt Ferdinand von Fürstenberg jedoch seinen wissenschaftlichen Leistungen, seinem schönen Werke „Monumenta Paderbornensia," welche das Resultat seiner in Rom unternommenen geschichtlichen Studien waren und deren Werth schon die grosse Anzahl von Auflagen andeutet, die ihnen in den Jahren 1669 bis 1714 wurde. Die schönste Auflage ist die von Elzevir in Amsterdam besorgte. Dann ist Ferdinand von Fürstenberg zu hohen Ehren gekommen als lateinischer Dichter; seine „Poëmata" erschienen zuerst in der 1656 in Rom veröffentlichten Sammlung, welche man nach ihrem Mäcen, dem Pabst Alexander VII die Pleias Alexandrina nannte; später gab die königliche Druckerei in Paris sie 1684 in einer prächtigen Ausgabe in Folio heraus. Als Dichter war Fürstenberg, so gesteht sein Biograph, „jedoch nicht so sehr ein grosser, als klarer und scharfsinniger Geist; er ragte mehr durch die Kraft eines hellen Verstandes, als durch schöpferische Phantasie hervor. Seine eigentliche Bedeutung liegt in seinem tiefen und umfassenden historischen Wissen; neben seiner Gelehrsamkeit war er ein grosssinniger, ächt-deutscher, für alles Edle hochbegeisterter Mann, geistig erleuchtet, wie wol wenige seiner Zeitgenossen."

Neben Ferdinand von Fürstenberg steht, geistig vielleicht noch bedeutender, Franz Friedrich Wilhelm von Fürstenberg, den im

Jahre 1763 Kurfürst Maximilian Friedrich von Köln, Fürstbischof von Münster, an die Spitze der Verwaltung des Münsterlandes setzte, und der hier, im Sinne jener Humanitätsideen, welche in der zweiten Hälfte des vorigen Jahrhunderts das wohlthätige und segensreiche Wirken so manches erlauchten Fürstennamens beseelten und in Kaiser Joseph II., in Karl Friedrich von Baden ihren weitreichendsten Ausdruck fanden, — mit genialem und schöpferischem Geiste organisirte, aufbaute und verwaltete. Fürstenberg's Leben und Thätigkeit sind so oft beschrieben, der Kreis, den er nach Münster zog, und in welchem die Fürstin Gallizin, Hamann, der Magus aus Norden, Fr. H. Jacobi, Hemsterhuys, Sprickmann, Stolberg glänzten, auch Goethe erschien, ist so oft geschildert worden, dass wir nicht näher darauf zurückzukommen brauchen. Nur das wollen wir anführen, weil es eine noch nicht hervorgehobene Seite seines Charakters ist, dass er nicht allein von unsern westfälischen Stammeigenschaften, sondern auch von dem, den meisten frühern Gliedern der Familie Fürstenberg ehemals eigenen originalen Wesen und Manieren ein gutes Theil mit bekommen hatte. Er war ein ganz realistischer Kopf und hielt mit westfälischer Zähigkeit an seinen Anschauungen fest. Ihm Widerstand entgegensetzen, hiess ihn seine Pläne mit desto grösserer Entschlossenheit und Ausdauer verfolgen machen. Der kleine Mann mit der gebogenen feinen Nase und den scharfen Zügen, der nur auf kleinen Pferden ritt oder auch wohl im Lederkäppchen und im grauleinenen Kittel über Land ging, um seiner Freundin, der Fürstin Gallizin auf dem westfälischen Oberhofe, ihrer Sommerresidenz, einen Besuch zu machen, war ein entschiedenes Original. Zu seinen Eigenheiten gehörte eine grosse Zerstreutheit; so hatte er einst den Namen eines Lieblingspferdes statt des seinigen unter eine Verordnung gesetzt; ein anderes Mal liess er sich, so wurde uns erzählt, von einem Rosstäuscher bewegen, ihm einen Pony abzukaufen, ohne zu ahnen, dass es dasselbe Pferd sei, welches er am vorigen Tage als alt und unbrauchbar geworden selbst hatte verkaufen lassen. Wenn er Reisen machte, so musste ihn ein Franziskaner-Mönch begleiten, den er als Lexikon über griechische Philosophie, namentlich den Aristoteles, welchen der Mönch so ungefähr auswendig wusste, gebrauchte. Zu seinen Eigenheiten gehörte auch, dass nur solche Leute Gnade bei ihm fanden, welche seinen scharfen, reiherartigen Augen mit offenem, freiem und festem Blick begegneten, was mancher schüchterne und blöde Bittsteller zu seinem Schaden inne wurde. Auf der von ihm gestifteten Militairschule erhielt auch der später so berühmt gewordene Marschall Kleber eine Zeit lang seinen Unterricht. Der Minister, der jeden Morgen nach der Reitschule auch den Fechtboden zu besuchen pflegte, erkundigte sich hier eines Tages nach den Fortschritten des jungen Mannes und forderte ihn zu einem Gange auf. Kleber setzte unbedacht sogleich seine ganze jugendliche Kraft wider den kleinen, zartgebauten Herren ein und schlug ihm das Rapier aus der Hand. Ueber diese Rücksichtslosigkeit erzürnte der Minister so, dass Kleber die Hoffnung auf eine Anstellung im Militairdienste des von Fürstenberg verwalteten Landes aufgab. Dies war die Veranlassung, dass Kleber sein Glück anderswo suchte, und auf der neu betretenen Bahn endlich der Marschall von den Pyramiden wurde.

Ausser Theodor, Ferdinand und Franz von Fürstenberg hat das Geschlecht, welches Herdringen bewohnt, noch einen vierten Landesherrn oder Fürsten — wenn wir den eine Zeitlang das Münsterland mit vollkommener Machtbefugniss verwaltenden Minister hinzuzählen — hervorgebracht, den letzten Fürstbischof von Paderborn und Hildesheim, Franz Egon von Fürstenberg, der durch seine reiche testamentarisch vermachte Erbschaft den Grund zu dem grossen Vermögen der Linie in Stammheim legte. Er regierte Paderborn von 1786 bis 1802 und war ein liebenswürdiger, menschenfreundlicher, wegen seiner Wohlthätigkeit allgemein verehrter Mann, wenn er auch die geistige Bedeutung seines Bruders, des Ministers oder seiner beiden Vorfahren im Fürstenthum, Theodor und Ferdinand, nicht besass. —

Von Herdringen scheidend und unsere Ruhrwanderung verfolgend, ist das ehemalige Frauenstift Fröndenberg der nächste, zum Verweilen einladende Punkt, ein höchst anmuthiges Landschaftsbild mit der malerisch liegenden Kirche und den Curien der Fräulein als Staffage darin. — Dann gelangen wir abermals an ein Seitenthal, das uns zu einer Abschweifung verlockt. Es ist das Thal der auf dem linken Ufer einmündenden Hönne. Schreiten wir dies Nebenthal hinauf, so kommen wir durch Menden und an seinem schönen

Romberg mit hübschen Anlagen, dann an Rödinghausen vorüber, dem Sitze der Familie von Dücker; an einer hohen schroffen Kalksteinfelswand her nähern wir uns sodann Klusenstein, dem wirklich höchst pittoresken Punkte, das eines unserer Blätter in wohlgelungener Abbildung darstellt.

Klusenstein ist heute ein bescheidenes Pächterhaus, das sich über Trümmern einer alten Burg erhebt, von der nur höchst dürftige Ueberreste mehr da sind, nebst einem sehr tiefen in den Felsen gehauenen Brunnen. In der Geschichte hat die Burg nie eine grosse Rolle gespielt, nicht einmal einem Ministerialengeschlecht, das sie gehütet, einen Namen gegeben, aber desto fesselnder und schöner ist ihre Lage. Sie gehörte dem Grafen von der Mark, zu deren Behufe sie im Jahre 1353 durch Gerhard von Plettenberg erbaut wurde. Ihre Lage in dem versteckten engen Thale ist offenbar nicht so, um ihr eine grosse Bedeutsamkeit zu gewähren. Durch Kauf kam sie später in verschiedene Hände, und ist noch heute Privateigenthum. Wenn jedoch keine Geschichte, so hat doch die alte Burg ihre Sage, die Sage von einem Ritter Eberhard von Klusenstein, der in den heiligen Krieg gezogen ist und als Gefangener im saracenischen Kerker schmachtet, während daheim sein Feind, der schwarze Bruno, die Nachricht von seinem Tode verbreitet und um sein verlassenes treues Weib Mathilde wirbt. Diese aber flüchtet sich vor dem Verhassten und der schwarze Bruno bemächtigt sich nun ihrer Burg, bis Ritter Eberhard unvermuthet heimkehrt, Klusenstein mit seinen Getreuen erstürmt, in heissem Kampfe auf dem Burghofe den Räuber überwältigt, und über die Ringmauer tief unten in den Abgrund den Bösewicht stürzt.

Klusenstein hat auch eine Höhle, die sehenswerth ist; sie liegt nahe der Burg. „Das Gewölbe ist schön und weit gespannt, der erste Raum, den man durch die, wie ein schwarzes Thor aufgähnende Oeffnung betritt, 200 Fuss lang. An Decke und Seitenwänden glänzen Stalactiten von röthlicher Farbe und grotesken Formationen; an jeder Spitze ein granlicht glänzender Tropfen, der langsam fällt und die Höhle mit einem monotonen Geräusche wie einschläfert. Im Hintergrunde klaffen zwei dunkle Spalten auf, die man mit Fackellicht, scheu vor dem überall hervorsickernden Wasser, gebückt vor den wie Spiesse niederdrohenden Tropfsteinzapfen betritt, und endlich durchkriecht. Nach mühseliger Fahrt dämmert dann endlich der Schimmer des Tages uns entgegen, wir stehen wieder in der Eingangshalle, ehe wir's gedacht und sind verwundert, einen Halbkreis beschrieben zu haben, während wir uns den Eingeweiden der Erde immer mehr zu nähern glaubten."

Westfalen ist bekanntlich überhaupt nicht arm an merkwürdigen Tropfsteinhöhlen — wollten wir unsere Wanderung an der kleinen Hönne weiter hinauf fortsetzen, so würden wir bei den Städten Balve die Balver, und nach der andern Seite, auf dem linken Ufer die Suntwicher Höhle, die bekannteste von allen, besuchen können. Aber bescheiden wir uns mit dem Besuche der Klusensteiner und eilen in unser schönes Flussthal zurück, wo uns in Gottes lichtem Sonnenschein andere Bilder und Scenerien erwarten, den dunklen, unterirdischen Regionen, von denen die eine der andern so verzweifelt ähnlich sieht, weit vorzuziehen.

So wenden wir uns denn zur Ruhr zurück, und erreichen, ihr folgend, bei Hohensyburg den Punkt, von welchem wir ausgingen, um in weitem Kreise das alte romantische Sauerland zu durchziehen. Westwärts mit dem rauschenden Strome weiter pilgernd, an dem alten Fräuleinstift Herdecke vorüber, erreichen wir in Volmarstein den ersten Punkt, der wieder unsere Schritte hemmt und uns zu verweilen zwingt. Die kleine Volme, ein Flüsslein, welches hier mündet, hat dem stolzen „auf des Berges Felsenstein erhöhten" Schlosse den Namen gegeben, das schon in den urältesten Zeiten von einem alten sächsischen Adalingsgeschlechte bewohnt wurde, welches jedoch gleich so vielen andern sich in der Dynastenstellung nicht behaupten, zu Landeshoheit nicht aufschwingen konnte, immerhin aber ein sehr reiches und mächtiges blieb, auch viele Lehne zu vergeben hatte; bekanntlich hat unser verdienter Geschichtsforscher Kindlinger eine Monographie den alten Grafen von Volmarstein gewidmet. Im 13. Jahrhundert müssen die edlen Herrn, die da oben hausten, so ziemlich in die Kategorie anderer adliger Stegreifjunker herabgesunken sein, da Volmarstein [zugleich mit Syburg, Isenburg und Rauenthal] vom Grafen Eberhard von der Mark im Jahre 1257 als Raubnest zerstört werden musste. Die Kraft der Mauern mag damals gebrochen worden sein, nicht aber die des kriegerischen Geschlechts, welches sie bewohnt hatte — die Burg erstand aus ihren Trümmern und war viel fester denn zuvor — und so konnte sie schon 1324 lange Zeit wieder einem mächtigen Heere trotzen, das sie umlagerte — nicht geringere Herren als König Johann von Böhmen, der Luxemburger, Graf Wilhelm von Holland, die Grafen von Berg, von der Mark und viele andere Edle und Ritter lagen davor und bezwangen sie endlich und rissen sie ein. Das Haus Volmarstein wurde nun den Grafen von der Mark zu Eigen gegeben und diese mögen denn erbaut haben, was heute noch davon übrig ist — ein einzelner Thurm. Das Geschlecht der Edlen von Volmarstein aber erlosch im 15. Jahrhundert, es lebt jedoch sein Name in einem Zweige derer von der Recke fort, die auch mit dem ihrigen verbunden das Wappen von Volmarstein führen, drei rothe um eine goldene Kugel gesetzte Blätter.

. Dicht bei Volmarstein liegt das Städtchen Wetter, ein betriebsamer Ort mit einem alten Burghaus, das den Grafen von der Mark gehörte, die ihren Drosten darin hausen liessen; am Ende des vorigen Jahrhunderts wurde es von dem berühmten Minister Stein bewohnt, der als königlich preussischer Bergrath hier seine glorreiche Laufbahn im Staatsdienst begann; jetzt befindet sich eine Eisengiesserei des trefflichen Abgeordneten Harkort darin. Der Eisenbahn, die hier die Ruhr überschreitet, nachzugehen ist nicht unseres Berufs, wir müssen dem Flussthal folgen, um so das romantisch gelegene Steinhausen, lange der Sitz der Stael von Holstein, und dicht dabei das merkwürdige Berghaus Hardenstein zu erreichen.

Die schöne Ruine von Hardenstein wird fast unmittelbar von der Ruhr bespült. Sie gehörte einst mit dem freundlichen Berg-Städtchen Langenberg und dem Dorfe Neviges, so wie der Burg Rauenthal zu einer Grafschaft oder Herrschaft Hardenberg. Die Stammburg der Grafen von Hardenberg lag in der Nähe von Neviges. Sie verkauften schon 1355 ihre Herrschaft an die Grafen von Berg und scheinen von nun an auf dem Hardenstein gewohnt zu haben, bis des letzten, 1463 gestorbenen Heinrich von Hardenberg Erbtochter ihren Besitz an Robert Stael von Holstein brachte, dessen Nachkommen aber bald nachher sich Steinhausen zum Sitz erwählten. Mit den hannoverschen Hardenberg, denen der berühmte Minister Fürst Hardenberg angehört, sind sie nicht verwandt.

Von der Burg Hardenstein wird eine höchst merkwürdige und eigenthümliche Sage berichtet, welche einmal ganz anderer Art wie die meisten, im Kern ihres Inhalts sich so ähnlich sehenden Mähren und Legenden von Riesen, Zwergen, Teufeln, Kreuzzugrittern, Stegreifjunkern mit verkehrt untergelegten Hufeisen u. s. w. u. s. w. ist. Unser Historiker Dietrich van Steinen hat darüber zwei Nachrichten aus alten Schriftstellern zusammengestellt, deren erste, bei Gobelinus Persona im Cosmodromium zu finden, also lautet: „Zur Zeit Kaisers Wenceslaus' hat sich ein Erdmängen, welches sich König Goldemer nennete, einem gewissen Manne, welcher mit Nichts als weltlichen Händeln beschäftiget war, Namens Neveling Hardenberg, aus der Grafschaft Mark bürtig, und unweit der Ruhr auf einem Schloss wohnhaft, vertraulich zugesellet."

(Neveling von Hardenberg kommt in Urkunden aus den Jahren 1396 bis 1419 vor; er war der vorletzte Herr des alten Geschlechts, der auf Hardenstein hauste; der Vorname Neveling war der Familie eigenthümlich — er scheint mit ihrem Stammsitz bei Neviges zusammenzuhängen.)

„Besagter Goldemer redete mit ihm und andern Menschen, er spielete sehr lieblich auf Saitenspiel, ingleichen mit Würfeln, setzte dabei Gold auf, trank Wein und schlief oft bei Neveling in einem Bette. Als nun viele, sowohl Geist- als Weltliche ihn besuchten, redete er zwar mit allen, aber also, dass es besonders den Geistlichen nicht immer wohl gefiel, indem er durch Entdeckung ihrer heimlichen Sünden dieselbe oft schamroth machte. Neveling, welchen er Schwager zu nennen pflegte, warnete er oft für seinen Feinden und zeigete ihm, wie er deren Nachstellungen entgehen könnte. Auch lehrete er ihn, sich mit diesen Worten zu kreuzigen und zu sagen: „Unerschaffen ist der Vater: unerschaffen ist der Sohn: unerschaffen ist der heilige Geist." Er pflegte zu sagen: „Die Christen gründeten ihre Religion auf Worte, die Juden auf köstliche Steine, die Heiden auf Kräuter." Seine Hände, welche mager und wie ein Frosch und Maus kalt und weich im Angriff waren, liess er zwar fühlen, keiner aber konnte ihn sehen. Nachdem er nun drei Jahre bei Neveling ausgehalten hatte, ist er, ohne Jemand zu beleidigen, weggegangen. Dieses habe ich zu der Zeit von vielen gehört, nach 26 Jahren aber von Neveling selber verstanden. Es hatte aber Neveling eine schöne Schwester, um welcher willen viele argwohnten, dass sich dies Erdmängen bei ihm aufgehalten habe."

Die Sage ist für unsere Mythologen Veranlassung zu höchst tiefsinnigen Deutungen von grosser Gelehrsamkeit geworden, wobei der Name Neveling — Nibelung und der Zwergenkönig Alberich eine grosse Rolle spielen. Uns ist bei derselben nur das auffallend, dass sie ein Schriftsteller wie Gobelin Persona mit den Worten berichtet, er habe sie aus Neveling Hardenberg's eigenem Munde. Gobelin nämlich, geboren zu Paderborn und lange Zeit ein treuer Diener des Pabstes Urban VI, gestorben als resignirter Dechant der Stiftskirche von St. Marien zu Bielefeld im Kloster Böddeken bei Paderborn im Jahre 1424, ist ein Geschichtschreiber von grosser Wichtigkeit und Zuverlässigkeit für die von ihm durchlebte Zeit, von 1350 an etwa, und sein Cosmodromium, herausgegeben schon 1599 von H. Meibom, ist auf's vielfältigste als Quelle benutzt worden.

Steinen hat aber noch eine andere Aufzeichnung über König Goldemer gefunden, in der Familien-Geschichte Reiner's von Laer nämlich und da heist es: „Von dem Hause Hardenstein wird die heydnische Fabel erzählet, dass sich vorzeiten ein Erdmängen (Wouter manneken) aufgehalten, welches sich König Volmar genannt und diejenige Kammer bewohnt hätte, welche von den heydnischen Zeiten an bis auf den heutigen Tag Volmar's Kammer heisset. Dieser Volmar musste jederzeit einen Platz am Tische und einen für sein Pferd im Stalle haben, da denn auch jederzeit die Speisen, wie auch Haber und Heu verzehret wurden, vom Menschen und Pferde aber sahe man nichts als den Schatten. — Nun trug es sich zu, dass auf diesem Hause ein Küchenjunge war, welcher begierig seyende, diesen Volmar, wenigstens seine Fusstapfen zu sehen, hin und wieder Erbsen und Aschen streuete, um ihn solcher gestalt fallend zu machen. Allein es wurde sein Vorwitz sehr übel bezahlet; denn auf einen gewissen Morgen, als dieser Knabe das Feuer anzündete, kam Volmar, brach ihm den Hals und hieb ihn zu Stücken, da er die Brust an einen Spiess steckte und briet, etliches röstete, das Haupt aber nebst den Beinen kochte. — Als der Koch bei seinem Eintritt in die Küche dieses erblickte, wurde er sehr erschrocken und durfte sich fast nicht in die Küche wagen.

Sobald die Gerichter fertig, wurden solche auf Volmar's Kammer getragen, da man denn hörete, dass sie unter Freudengeschrei und einer schönen Music verzehret wurden. Bald nach dieser Zeit hat man den König Volmar nicht mehr verspühret, über seiner Kammerthür aber war geschrieben: dass das Haus künftig so unglücklich sein sollte, als es bisher glücklich gewesen wäre, auch dass die Güter zersplittert und nicht ehender wieder zusammen kommen sollten, bis dass drei Hardenberge von Hardenberg am Leben sein würden. Der Spiess und Rost sind lange zum Gedächtniss verwahret, aber 1651, als die Lotharinger in diesen Gegenden hauseten, weggeplündert worden; der Topf aber, der auf der Küchen eingemauert ist, ist noch vorhanden." — Steinen fügt diesem hinzu: „Ich habe den Topf, in welchen ohngefähr 4 Maas gingen und welcher von gelbem Metall, aber unten zerbrochen war, selber auf der Abtei zu Fröndenberg gesehen, als ihn die verwittwete Frau von Laer, geborene von Keppel, für etlichen Jahren von Hardenstein weg und mit sich nach Holland nahm." Die Abbildung, welche Steinen davon liefert, zeigt jedoch keinen Kochtopf, sondern einen Bierkrug mit Henkel, also jedenfalls ein sehr apokryphes Gefäss. Wir müssen überhaupt bemerken, dass Reiner von Laer, der die Geschichte seiner Familie in Quart 1679 im Haag herausgab, nicht allerdings ein zuverlässiger Schriftsteller ist: diess zeigt sich schon durch die von ihm entworfene Ahnentafel, an deren Spitze er höchst ungenirt Minister König Philipp August's von Frankreich, Präsidenten des Gerichtshofs der Provence, Bischöfe von Marseille und andere hohe Personen grauer Urzeiten stellt. Die Familie von Laer war eine Zeitlang im Besitze des Hardensteins, und ist später in Holland ausgestorben.

Der letzte Punkt, welchen unsere Ruhrwanderung — wir könnten auch von einer Ruhrfahrt sprechen, denn von Witten an trägt nun der rasch hinschiessende Bergfluss Kähne und Nachen — berührt, ist das schöne Blankenstein, die romantische Staffage in einer Landschaftsscenerie freundlichster und fesselndster Art. Blankenstein gilt mit Arnsberg und Syburg für der Ruhrufer schönsten Punkt. Es ist das freilich Sache des Geschmacks, doch scheint auch uns die Strecke etwa vom Hardenstein, an Herbede und der Burg Kemnade, dem Dörfchen Stypel und Blankenstein vorüber bis nach

Hattingen hinab die Krone der Ruhrlandschaften zu sein. Das alte Burghaus Kemnade erinnert uns an der Vorzeit bescheidene und dürftige Lebensgewohnheiten. Kemnade nannte sich stolz der Edelsitz — weil er einen Kamin hatte; denn Caminata ist ein oft vorkommender Namen, der jedesmal ein mit einem Kamin versehenes steinernes Wohnhaus bedeutet. Die Regel war bei den Häusern im Mittelalter — etwa bis zum 15. Jahrhundert — dass der Rauch zur Hausthüre hinaus musste, wie bei den Bauernhäusern eines grossen Theils von Westfalen bis in die neuesten Zeiten. Selbst in Fürstenwohnungen waren die für die Dienstleute bestimmten Räume ohne Kamin; nur der Herr selbst hatte eine Caminata, die er in Urkunden ausdrücklich hervorhebt: „datum in caminata nostra." Die auf Kemnade hausenden Ministerialen nannten sich nach diesem Burghaus. Sie scheinen zu Ende des 14. Jahrhunderts ausgestorben.

Was Blankenstein betrifft, von dem wenig mehr als die Ruine des mächtigen Belfried übrig ist, so wurde es 1227 von dem wackern Ludolph von Boen, dem getreuen Rath und Drosten des Grafen von der Mark, von dem der alte Levold Northoff erzählt, aufgebaut, und zwar aus den Trümmern der geschleiften Isenburg, dem Schlosse des Mörders des heiligen Engelbert von Köln. Burggrafen und Drosten der märkischen Grafen bewohnten den Blankenstein; auch die Landesherrn selbst bezogen ihn zeitweise und er stand stattlich aufrecht bis zum Jahre 1664, in welchem er niedergerissen wurde von den Beamten der neuen Herrschaft, des Churfürsten von Brandenburg.

Der Flecken Blankenstein liegt auf der Höhe neben der Burg; ein kunstsinniger Einwohner hat mit viel Geschmack eine hübsche Gartenanlage (Gethmannsche Garten) zwischen dem Ort und dem Bergabhang hervorgerufen mit Grotten, Schlingpfaden und Belvederes, die drittehalbhundert Fuss hoch über dem rauschenden Strom weithin das schöne Panorama von Blankenstein überschauen lassen. —

Bei Blankenstein müssen wir Abschied nehmen vom lieblichen Thale der Ruhr — gerade an dem Punkte, wo es sich am reizendsten vor uns entfaltet hat, wie um den unvergesslichsten Eindruck uns beim Scheiden mitzugeben. Nachdem wir von Hohensyburg aus das südliche Bergland Westfalens durchstreift haben, machen wir uns auf, das östliche Bergland unserer Heimath zu besuchen, und aus dem schönen Ruhrthale streben wir dem nicht minder schönen Weserthale zu.

V.

Nach den Gebieten des Teutoburger Waldes und dem jenseits desselben liegenden östlichen Vorlande Westfalens können wir mit dem freien Gedankenfluge der Phantasie über dem vielgekrümmten und doch im Ganzen so gerade von Osten nach Westen strömenden Spiegel der Ruhr dahinschweben, immer weiter aufwärts bis wo die kleine Möhne aus ihrem freundlichen waldreichen Thale uns entgegenkommt (bei Neheim). Von dort an bleiben wir diesem Thale getreu, das uns aufwärts leitet — an der uralten Heidencapelle von Drüggelte vorüber — bis hinauf nach Beleke und Rüthen, wo eine Wanderung über eine Art hügelichten Hochlands für uns beginnt, das uns in's Thal der Alme hinabführt. Hier ist Büren ein Punkt, der uns einlädt zu verweilen, um einen Blick in seine schöne, von den Jesuiten erbaute Kirche zu werfen — sie hatten gut Kirchen bauen, die feinen gelehrten Herren von der Gesellschaft, nachdem ihnen Moritz von Büren, der letzte des alten Edelherrngeschlechts, der von der höchsten Ehrenstufe eines kaiserlichen Reichs-Kammer-Gerichts-Präsidenten herabgetiegen war, um sich in einen demüthigen Ordensnovizen zu verwandeln, all seine Herrschaft und Habe geschenkt hatte. Weiter hinab an dem kleinen Almefluss erreichen wir Brenken, eine Herrschaft, von welcher sich das noch jetzt blühende Geschlecht nennt, welches vielleicht von allen unsern westfälischen Familien am weitesten hinauf in die grauen Urzeiten von Sohn auf Vater zu verfolgen ist; ihre ununterbrochene Abstammung geht nämlich hinauf bis auf Rabodo de Brenken, miles, der um 1200 lebte. Dem nicht genealogischen Leser scheint das vielleicht nichts absonderliches — er hat oft genug von alten Stammbäumen gehört, die bis auf Wittekind und Karl den Grossen hinaufgehen — wer dergleichen Prätensionen etwas genauer betrachtet hat, weiss jedoch, was von solchen Aufstellungen zu halten. Die Brenken gehörten zu den vier Familien, welche sich die festen Säulen des Hochstifts Paderborn nannten — wahrscheinlich waren es ursprünglich die Wehrfester auf denjenigen bedeutendsten Oberhöfen, denen von Karl dem Grossen bei Gründung des Bisthums zunächst die Unterhaltung der Kleriker oder doch ein vornehmster Beitrag dazu auferlegt wurde. Ein alter Mönch, der im 16. Jahrhundert schrieb, erzählt, als der grosse Karl 797.das Domkapitel zu Paderborn gestiftet, habe er vier der edelsten und begütertsten Familien, welche sich früher gegen die Franken empört hatten, zur Strafe auferlegt, jährlich 40 Manse Getreide an den Dom zu liefern. Es sind von den ursprünglichen „Edlen Meyern" nur die Brenken noch übrig; die Haxthausen sind es als Erbnachfolger der von Flechten, die ausstarben. Seit 1351 wurden sie Pfandinhaber der Wevelsburg, auf welcher von nun an mehrere Zweige ihrer Familie hausten. Und damit wären wir denn bei der merkwürdigen alten Dreieckburg angekommen, welche auf unserm Bilde malerisch vor dem geneigten Leser emporsteigt. Nahe an den Ufern der Alme erhebt sie auf einem steilen Felsen ihre Dächer und Thürme und die alten verwitterten Mauern, mit denen sie im Grundrisse ein rechtwinkliges Dreieck bildet. Das Innere des mächtigen Gebäudes liegt schon seit längerer Zeit zum grössten Theile wüst, wie der gewaltige, 72 Schritt lange, mit Wandmalereien geschmückte Rittersaal, dessen Balcon eine herrliche Aussicht in das freundliche Almethal bietet. Er liegt im oberen Geschosse des westlichen Gebäudes; im südlichen Flügel ist der Eingang zu den grossen Kellergewölben, welche unter dem ganzen Bau herlaufen und die Reste der ältesten Befestigung gewesen zu sein scheinen; hier wird noch das dunkle „Norbertsloch" gezeigt, worin Friedrich der Streitbare von Arnsberg den heiligen Stifter von Premontre soll gefangen gehalten haben. Das Aelteste was sich von Gebäulichkeiten auf der Wevelsburg erhalten hat, ist die aus dem 11. oder 12. Jahrhundert stammende Burgcapelle, jetzt die Pfarrkirche des Dörfleins, das zu Füssen des alten Schlosses liegt.

Die Wevelsburg soll ihren Namen von einem Wefelo von Büren, der sie angelegt, erhalten haben — nur hat leider ein Wefelo von Büren nie existirt, und deshalb wird es vorzuziehen sein, die Frage, was „Wifelesburc" ursprünglich bedeute, zu den vielen andern ungewissen Sachen zu schreiben, ohne deren genaue Ergründung der Sterbliche nun einmal sich resigniren muss, seine irdische Pilgerfahrt zu vollenden. Richtig scheint dagegen die Annahme, dass die Burg ursprünglich eine zum Schutz gegen die Einfälle der Ungarn im 10. Jahrhundert angelegte Verschanzung war. Es finden sich noch in der Umgegend der Burg grosse Gräber, in welchen man die Spuren menschlicher Gebeine entdeckt; sie können also weder von den Deutschen, noch von den vor den Deutschen wahrscheinlich hier ansässigen Kelten herrühren, weil diese ihre Todten verbrannten, und deuten auf die Anwesenheit eines fremden Stammes in dieser Gegend. Dazu kommt, dass man $^3/_4$ Meilen von der Wefelsburg ein altes Lager von unregelmässiger, ovaler Gestalt trifft, welches jetzt noch mit einem 30 Fuss hohen Walle umgeben ist, und das urkundlich schon im Jahre 1348 die „Hunnenburgh" genannt wurde. In Betreff der Frage, ob die Wevelsburg nun von den Hunnen (oder Ungarn) oder ob sie als Befestigungspunkt wider dieselben — im Sinne König Heinrichs I. — erbaut wurde, kann man nur sagen, dass das letztere das Wahrscheinlichere ist. Im Jahre 1122 baute Friedrich der Streitbare das in Trümmern liegende Castell neu auf, damit es ihm als Gränzbefestigung wider das Stift Paderborn diene. Als derselbe böse streitbare Herr bald darauf, gegen das Ende seines Lebens, in Hader mit seinem Schwiegersohn, dem frommen Grafen Gottfried von Cappenberg, gerieth, weil dieser all sein Habe und Gut der Kirche schenken, sein blühendes junges Weib Jutta, des Arnsbergers Tochter, ins Kloster senden und sich selbst zum Mönche scheeren lassen wollte, bestärkt in diesem Vorsatz durch den heiligen Norbert, der von Premontre nach Cappenberg herüber gekommen war — da zog Friedrich mit seinen Rittern nach Gottfrieds Burg und fing sich den, welchen er für des ganzen Jammers Anstifter hielt, warf ihn in's Verliess und — doch lassen wir das Weitere uns von der berühmten Dichterin erzählen, welche mit ihrer glänzenden Virtuosität in epischer Darstellung der Sage Inhalt so berichtet:

    Der Mond mit seinem blassen Finger
    Langt leise durch den Mauerspalt,
    Und koset, streifend längs dem Zwinger,

Sankt Norbert's Stirne feucht und kalt.
Der lehnt an bröckelndem Gestein,
Salpeterflocken seine Dannen,
An seinem Ohre Heimchen raunen,
Und wimmelnd rennt das Tausendbein.

Und überm Haupte fühlt er's beben,
Da geht es hoch, da zecht es frisch,
In Pulsen schäumend pocht das Leben,
Die Humpen tanzen auf dem Tisch.
Der Graf von Arnsberg gibt ein Fest,
Dem Schwiegersohn der graue Schwäher;
So mehr er trinkt, so wird er zäher,
So wirrer steht sein Lockennest.

Gern hat sein Kind er dem Dynasten,
Dem reichen Cappenberg vertraut,
Nun trägt sein Anker Doppellasten —
Und seinen Feinden hat's gegraut! —
Da kommt auf seinem Eselein
Norbert und macht den Sohn zum Pfaffen;
Allein er wusste Rath zu schaffen —
Er pferchte den Apostel ein!

Wie, keine Enkel soll er wiegen?
Soll in des Eidams Horn gehn,
Und sehn sein Kind am Boden liegen,
Und Paternosterkugeln drehn?
Nein, heute ist der Tag, wo muss,
Wo wird die Sache sich erled'gen,
Und sollt' er mit dem Schwerte pred'gen,
Ein umgekehrter Carolus!

Und: „Gottfried," spricht er, „Junge, Ritter,
So sieh doch einmal in die Höh!
Du schaust ja in den Wein so bitter
Wie Requiem und Kyrie!
Was spinnst du an dem alten Werg?
Lass die Kaputze grauen Sündern,
Und deine Burg, die lass den Kindern,
Dein schönes festes Cappenberg!" —

Und drunten in dem feuchten Thurme
Der Heil'ge flüstert: „Grosser Gott,
Der gegenwärt'ger du im Wurme,
Als in der Krone blankem Spott,
Wie grösser deine Allmacht zeigt
Sein Füsschen, das lebendig zittert,
Als eine Mauer, die verwittert,
Und ob ein Babel drüber steigt!" —

„Ja," spricht der Graf, den Humpen schwenkend:
„Wär' Norbert hier, dein Eselmann,
Ich liess ihm füllen, dein gedenkend,
Und trinken möcht' er, was er kann;
Doch da ihm Pech und Schwefel glüht,
Was andern Schlüchern mild und süsse,
So bleibt er besser im Verliesse,
Ein wohlkasteiter Eremit!" —

Und drunten spricht's mit mildem Tone:
„Du, der, des Himmels höchste Zier,
Gezogen bist zur Dornenkrone
Auf einem still demüth'gen Thier,
Du, der des Mondes Lieblichkeit
In meinen Kerker liessest rinnen,
Gezähmt mir die vertrauten Spinnen,
Du, Milder, seist gebenedeyt!"

Und Gottfried, kämpfend mit den Thränen,
Ergreift den Humpen, noch gefüllt,
Vor seinem Ohr ein leises Stöhnen,
Vor seinem Aug' ein bleiches Bild.
O, dringen möcht er durch den Stein,
Wo seine sünd'gen Füsse stehen,
O einmal, einmal möcht' er sehen
Durch Lichterglanz den Heilgenschein!

„Ha!" zürnt der Graf, „was liess ich schenken
Dir meinen allerbesten Wein!
Eh' möcht' ich einen Schädel tränken,
Ja, oder einen Leichenstein.
Gottfried, Gottfried, ich schwör es dir,

So wahr ich Friedrich" — seht ihn stocken —
Vor seinem Auge schwimmen Flocken,
Er hebt sich auf, er schwankt zur Thür,

Und plötzlich auf den Estrich nieder
Taumelt er wie ein wundes Ross,
Es zucken, strecken sich die Glieder. —
Welch' ein Getümmel in dem Schloss!
„Krank" dieser — „todt" spricht jener Mund —
Ja, wahrlich, das ist Todes Miene,
Und, eine mächtige Ruine,
Liegt Friedrich auf dem eignen Grund.

Die Humpen sind in Hast zertrümmert,
Burgunderblut fliesst über'n Stein;
Die Lampen mählig sind verkümmert,
Wie Erdenlust sie qualmten ein;
Doch drüben in des Klosters Hut
Entflammte man die ew'ge Leuchte,
Und knieend alles Volk sich beugte,
Dem reinen Wein, der Christi Blut. —

So weit die Poesie, die der Sage nachgegangen ist — und weshalb sollte sie nicht, da auch die gelehrte Geschichtsforschung sich von der Sage hat verführen lassen, an Norberts Schmachten im Verliesse der Wevelsburg, an Friedrich des Streitbaren schrecklich rächenden Tod zu glauben? In Seibertz' des verdienten Historikers Werk: „Geschichte der Grafen von Westfalen" p. 96 finden wir erzählt, was doch reine Mythe ist. Der heilige Norbert fiel nie in die Gefangenschaft des Arnsbergers, kein einziger älterer Schriftsteller spricht davon und bei den Quellen, welche jener Autor citirt, ist kein Wort darüber zu finden! Wahr ist jedoch, dass nach des bösen Mannes Tode das Landvolk der Umgegend zusammenströmte und die Wevelsburg niederbrach, weil von ihr aus die empörendsten Bedrückungen und Räubereien ausgegangen waren. — Die Herrschaft Wevelsburg blieb dem Arnsbergischen Hause, ging von diesem an die Grafen von Waldeck über, welche die Burg neu aufgebaut zu haben scheinen, wurde von ihnen 1301 an das Stift Paderborn verkauft und von diesem dem Edelherrn Barthold von Büren zu Lehn inne gegeben. Dann, 1384, wurde sie an den Ritter

Friedrich von Brenken, 1513 wieder an die Büren verpfändet, bis Bischof Theodor von Fürstenberg sie endlich im Jahre 1589 von „den von Bewern und sehligen Alharten von Brenken nachgelassener Wittiben" für 3536 Goldgulden wieder einlöste. Seitdem blieb sie fortwährend im Besitze der Paderborner Kirche. Theodorich liess auch die gänzlich verfallene Burg von Grund aus neu aufführen und zwar fester und schöner als sie je gewesen war. Er verwendete dazu die Summe von 36,000 Thalern, ohne dass die Arbeiten und Fuhren, welche im Frohndienst geleistet worden, gerechnet wurden. Im Jahre 1604 wurde der Bau begonnen, 1607 vollendet. Im Jahre 1646, gegen den Ausgang des dreissigjährigen Kriegs, in welchem die Wevelsburg einen festen Platz bildete, wurde sie von einer Abtheilung kaiserlicher Truppen besetzt. Dies veranlasste die Schweden, nach dem Abzuge der Kaiserlichen sie theilweise zu zerstören. Zwar erfolgte eine Restauration durch Theodor Adolph von der Reck, Fürstbischof von Paderborn; doch wurde diese nicht ganz durchgeführt. Das Gebäude diente den Fürstbischöfen von Paderborn als Sitz eines Rentbeamten, der die Gerichtsbarkeit und die Polizei-Verwaltung über das Amt Wevelsburg hatte. Am 11. Januar 1815 schlug der Blitz in den grössten Thurm und das Feuer verzehrte das innere Holzwerk bis auf den Grund, so dass nun dem völligen Verfall eine breite Bresche geöffnet ist.

Ehe wir von den verwitternden Mauern der merkwürdigen Veste Abschied nehmen, müssen wir noch der Sage von Kurt von Spiegel, welche sich daran knüpft, gedenken. Kurt von Spiegel war Marschalk eines Fürstbischofs und mit seinem Herrn von der Wevelsburg aus auf die Jagd geritten; aber da ihm das Glück nicht günstig war, so dass er ohne Beute heimkehren musste, schoss er in Mismuth und frevler Verwegenheit, um doch etwas zu treffen, einen armen Leyendecker vom Dache der Wevelsburg herunter. Er musste wegen dieser That flüchten und das Land meiden; als aber der Bischof gestorben, wurde ein neuer erwählt, welcher des Aechters naher Anverwandter war. Jener glaubt nun straflos zurückkehren zu dürfen. — Der neue Fürstbischof hält eben ein feierliches Banquet —

    Die Becher kreisen, des Rheines Saft —
    Die Nichten und Muhmen, die frohen Damen,

Der Vasallen Neigen, des Witzes Kraft
Fast von der Stirn ihm die Falten nahmen.
Da horch! im Vorsaal ein Tritt in Eil:
Auf geht die Thür' und, eine Säul',
Der Kurt von Spiegel steht in dem Rahmen!

Wie starrt der Bischof so todesbleich —
Im weiten Saal keines Odems Hallen —
An's Auge schlägt er die Hand sogleich,
Er schwankt, er wird von dem Sitze fallen;
Dann seufzt er tief und hohl und schwer:
„Kurt! — Kurt von Spiegel, wo kommst du her?
Greift ihn, greift ihn, meine Vasallen!"

Kein Sünderglöckchen geläutet ward
Und kein Schaffot ward aufgeschlagen;
Doch sieben Schüsse, die fielen hart,
Und eine Messe, die hört man sagen.
Der Bischof schaut auf den blut'gen Stein,
Dann murmelt er sacht in sich hinein:
„Es ist doch schwer eine Inful zu tragen!"

Die Spuren der Kugeln, mit denen Kurt von Spiegel justificirt wurde, werden noch gezeigt*).

Wir können von der Wevelsburg nicht scheiden, ohne noch eines merkwürdigen Punktes in ihrer Nähe zu gedenken. Dies ist der Lutterberg, in welchem, nicht etwa wie im Desenberg oder Untersberg Karl der Grosse, oder wie im Kyffhäuser Friedrich der Rothbart sitzt, sondern der ganze Westfälische Adel nach seiner seligen Urständc sich versammelt, um sich dort sein „rostig Gewissen" weiss brennen zu lassen. Die Sage vom Fegefeuer des Westfälischen Adels ist eine ganz eigenthümliche und offenbar hervorgegangen aus dem Rachedrange eines nach einer unmittelbaren und höchst palpablen Vergeltung verlangenden Volkes, das für die Noth und den Jammer westfälisch-mittelaltriger Raub- und Fehde-Zustände an den unbestimmteren Verheissungen eines einstigen allgemeinen Gerichts nicht genug hatte, und sich mit stiller Befriedigung sagte:

---

*) Vergl. die kleine Schrift von Dr. Giefers: Geschichte der Wevelsburg, Paderborn 1855.

> Wo der selige Himmel, das wissen wir nicht,
> Und nicht, wo der gräuliche Höllenschlund,
> Ob auch die Wolke leuchtet im Licht,
> Ob siedet und qualmet Vulcanes Mund;
> Doch wo die westphälischen Edeln müssen
> Abbrennen sich ihr rostig Gewissen,
> Das wissen wir wohl, das ward uns kund! —

Von der Wevelsburg aus haben wir bald Paderborn, den ältesten Bischofsitz im Lande Westfalen, erreicht — denn am Einfluss der Alme in die Lippe, wo das Dorf Else liegt, verweilen wir nicht, da uns die Untersuchung, ob hier Aliso gelegen, nicht verlockt — es ist ein misliches Ding, sich in den grossen Streit um den Walplatz der Hermannsschlacht, um des Varus Standplatz und Rückzugslinie, um Aliso und die pontes longi einzulassen; was Einer der gelehrten Herrn, die darüber geschrieben, beweist, von dem beweisen drei andre das Gegentheil!

Wenden wir uns dem alten Sitze christlichen Lebens und christlicher Cultur im Westfalenlande, dem nahen Paderborn zu, der Stadt, in welcher Karl der Grosse den ersten Bischofstuhl zwischen Rhein und Weser aufrichtete. — Im Jahre 777, wo an den Quellen der Pader der Frankenkaiser den ersten grossen Reichstag im Lande der Sachsen hielt, fasste er wohl schon den Beschluss, gründete auch eine Kirche hier; erst 795 aber war seine Herrschaft so fest und so gesichert, dass er zur Errichtung des Bisthums und zum Baue einer Kathedrale — einer „ecclesia mirae magnitudinis" übergehen konnte. Die heutige Paderborner Kathedrale ist jedoch natürlich dieser alte karolingische Bau nicht mehr; sie ist entstanden in den Jahren 1010 bis 1016 unter dem eifrigen, betriebsamen Bischof Meinwerkus, von dem auch die schöne byzantinische Bartholomäuskapelle neben dem Dom und die Kirche des Stifts Busdorf herrührt; die letztere wurde ganz nach dem Muster der Kirche des heiligen Grabes zu Jerusalem aufgeführt, von der Meinwerk sich durch den Abt Winon von Helmarshausen die Pläne aus Jerusalem holen liess. — Ein ferneres sehr sehenswürdiges kirchliches Gebäude besass Paderborn früher in der Abtey Abdinghof, die aber jetzt, in eine Kaserne umgewandelt, wenig Spuren des früheren grossartigen Klosterlebens mehr aufweist. Grossartige Monumente der Vorzeit hat

Paderborn sonst, ausser seinem alten Dom, nicht viel; die alte Hauptstadt des Engerlandes ist so wie die Schwesterstadt Soest, ihre einstige Mitregentin im Lande der Engern, von ihrer früheren Bedeutung herabgesunken; namentlich seitdem sie nicht mehr die Residenz ihrer geistlichen Fürsten ist. Diese geboten zwar nicht über ein weites Gebiet, der Staat des heiligen Liborius umfasste etwa nur 43 Quadratmeilen mit 110,000 Einwohnern; die Infulträger vereinigten aber sehr oft die Mitra andrer Hochstifter mit der von Paderborn und waren dann reiche, ein nicht unbedeutendes Hofleben um sich schaffende Herrn. Sie wohnten nicht in der Stadt selbst, wie ja die alten städtischen Gemeinwesen durchaus nicht eifersüchtig darauf waren, ihre durchlauchtigen Landesherrn in ihren Mauern zu beherbergen. Die Fürsten von Paderborn wohnten zumeist in dem nahen Schlosse Neuhaus, welches durch eine Kastanienallee mit der Stadt verbunden war. Es ist dies Schloss eine Schöpfung jenes Bischofs Theodor von Fürstenberg, von welchem wir schon oben redeten. —

Eine Zeit so wilder Gährung, wie die Reformation sie in Münster hervorrief, hat Paderborn nicht zu erleben gehabt; von der schweren Noth der Zeit blieb es jedoch auch nicht verschont und namentlich hatte es Unsägliches im dreissigjährigen Kriege zu leiden. Die Drangsale wurden eingeleitet durch das Einrücken des tollen Bischofs von Halberstadt, des Herzogs Christian von Braunschweig, 1622, der durch seine Banden zusammenplündern liess, was immer für sie zu bekommen war, und der den schönen reichen Domschatz völlig ausleerte. Er soll dort einen goldenen Liborius von unerhörtem Werth, ein Kleinod, wie man es einst etwa nur in den Schatzkammern von Delhi und Benares, zu den goldenen Zeiten der Aurengzeb fand, angetroffen und den Heiligen froh und dankbar, dass er auf ihn gewartet, umarmt haben. Liborius ist der Patron der Paderborner Diöcese. Die Gebeine desselben sind im Jahre 836 aus Frankreich nach Westfalen übertragen und haben hier sogleich eine ganze Reihe höchst merkwürdiger Wunder verrichtet. Deshalb hatte man sie denn auch in einen kostbaren, ganz von Silber geschmiedeten Kasten eingesargt. Dass dieser Kasten, so wie zwölf Silberstandbilder der Apostel den Zärtlichkeitsbeweisen des tollen Christian ebenfalls nicht entgingen, brauchen wir nicht zu erwähnen — er liess seine bekannten Thaler mit der Legende: „Gottes Freund, der Pfaffen Feind" daraus schlagen. Die Gebeine aber schenkte er einer Rheingräfin, einer gebornen von Croy, welche sie dem Fürstbischofe zurückgab; die Familien von Westfalen und von Niessen haben dann den heutigen, aus seinen Harzthalern gemachten und vergoldeten Liboriuskasten anfertigen lassen, der mit seinen vielen Figuren und Zierrathen ein merkwürdiges Stück Goldschmiedearbeit ist. Den Meister gibt die Inschrift an: Düsse Arwet heffe ick, Hans Krako Goltschmit tom Dringenberge maket von luter Dalers, asse hi bilagt sind, Anno 1635.

Paderborn wurde im Verlaufe des dreissigjährigen Krieges bald das Augenmerk der benachbarten Hessen, welche in dem Besitz des Landes auch nach dem Kriege zu bleiben wünschten; mehrere Jahre hindurch war das Hochstift eine säcularisirte hessische Provinz zu nennen. Der kaiserliche General Graf Götze machte jedoch 1636 diesem hessischen Arrondirungsversuch ein Ende und seitdem blieb Paderborn fast ohne Unterbrechung dem Katholicismus und der Kirche wiedererobert. Ein Glück für das Hochstift war es, dass auf jene schweren Zeiten des entsetzlichen Krieges ein Regent folgte, wie Ferdinand von Fürstenberg es war. — Der letzte Fürstbischof, ebenfalls ein Fürstenberg, ruhte im Gegensatz zu seinen grossen Ahnen Theodorich und Ferdinand völlig auf den Lorbeern aus, welche jene sich gesammelt hatten; Franz Egon that wenig für sein Stift, er residirte auch nicht hier, sondern in seinem anderen in schönerer Umgebung liegenden Hochstift, Hildesheim. Doch war er ein liebenswürdiger, wohlthätiger Mann und so sah man ihn nicht ohne Wehmuth den Fürstenhut niederlegen, als durch den Hauptdeputationsrecess von 1802 Paderborn säkularisirt und der Krone Preussen einverleibt wurde.

Obwohl unsere Stadt sich seitdem, in den langen Friedensjahren materiell gehoben hat, und seine Bevölkerung gewachsen ist, ist ihm doch der Charakter einer mittleren Landstadt treu geblieben und nur die kirchlichen Denkmale aus alter Zeit zeugen von der Weihe, welche ihm die Geschichte gegeben; so dass der Fremde, der nach pittoresken Architekturbildern oder andern Merkwürdigkeiten die Strassen durchschlendert, sich bald — nachdem er etwa noch die grossartige Jesuitenkirche mit ihrer imposanten Façade betrachtete, — wieder dem Dome zuwendet, der, wenn auch äusserlich unscheinbar, doch im Innern ein schönes ehrfurchtgebietendes Bauwerk ist, das auf 12 schlanken Pfeilern hoch und leicht emporsteigt. Unter dem hohen Chore zeigt man eine Crypta, welche als eine dem Salvator geweihte Kirche Karl der Grosse erbaut haben mag, während der Altar in ihrer Mitte von der Hand des Pabstes Leo III im Jahre 799 seine Weihe empfangen haben soll; Pabst Leo III war, von seinen aufständischen Römern vertrieben, bekanntlich in jenem Jahre nach Paderborn zum grossen Frankenkaiser gekommen, um von ihm Schutz zu erflehen. Ein andrer grosser Kirchenfürst war 1002 in Paderborn, Erzbischof Willigis nämlich, jener Wagnersohn, welcher der Mainzer Kirche nach der Sage ihr Radwappen gab; er vollzog hier die Krönung der Kaiserin Kunigunde, der keuschen Gemahlin Kaiser Heinrichs des Heiligen.

An der Nordseite des Domes, unter den Substructionen desselben sprudelt eine der vielen warmen Quellen hervor, welche die Pader bilden, die der Stadt den Namen gab.

Paderborn bietet uns den besten Punkt dar, um eine der classischen Merkwürdigkeiten Westfalens, die Extersteine zu besuchen, die uns mitten hinein in den Teutoburger Wald, den ebenso classischen Boden unsrer ältesten Geschichte führen.

Wenn nicht ein schöner und preiswürdiger Gedanke, wie so mancher andere löbliche Vorsatz in dieser Welt, an dem starren und schwer in Fluss zu bringenden Realismus der Dinge gescheitert wäre, so würde sich vor den Augen des Wanderers, welcher sich von Süden, von Paderborn her dem Teutoburger Walde nähert, jetzt ein mächtiges und imposantes Denkmal unserer Heroenzeit — jener Zeit, als auf dem Boden der rothen Erde die deutsche Geschichte ihre Taufe mit Strömen Römerbluts erhielt —, erheben, und ihm weit in die Ferne entgegenleuchten. Auf einer der Höhen in der Nähe Detmolds, der weithin sichtbaren Grotenburg, steht seit Jahren schon der Unterbau des Hermannsdenkmals vollendet. Das kolossale Standbild Armins, das 40 Schuh hoch darüber emporsteigen sollte, ist ebenfalls begonnen, es liegt aber jetzt in einzelnen Fragmenten in irgend einem Schuppen des Städtleins Detmold, verlassen und vergessen da. Sollte es nicht jetzt, wo die Summe, welche zur gänz-

lichen Vollendung noch fehlt, eine vergleichungsweise so geringe
ist, wo unserem westfälischen Lande die Entwicklung der letzten
Jahre eine so gesteigerte Lebensthätigkeit und damit ein gesteigertes Selbstbewusstsein gebracht hat, — sollte es nicht jetzt eine Art
Ehrensache für die Söhne der rothen Erde sein, das einmal begonnene auch nun zu enden? Es ist ganz richtig, dass Hermann nicht
mehr als Individualität im deutschen Volke lebt, dass wir keine
bestimmten Fingerzeige haben, wie wir sein Standbild entwerfen,
costumiren und ausstatten sollen . . . . ,und was man sonst gegen die
Idee vorgebracht hat, ihn in einem mächtigen Monumente zu erhöhen. Aber diese Einwürfe sind unhaltbar, weil sie, consequent verfolgt, die monumentale Sculptur in einen sehr engen Kreis bannen
würden, auf den dieselbe durchaus nicht zu beschränken ist. War
es nicht bei der Mainzer Gutenbergstatue ganz dasselbe? Ist es
nicht ganz dasselbe bei den Standbildern der Jungfrau von Orleans,
oder Karls des Grossen, die man aufgerichtet hat, oder gar bei
jenen Denksäulen römischer Kaiser wie Augustus, mächtiger Helden wie des Ritters Roland, mit denen unsre mittelaltrigen Städte
ihre freien Plätze, ihre schönen Brunnen schmückten? Fielen nicht
damit am Ende auch alle Heiligenstatuen in unsern Kirchen fort?

Die Idee, dem grossen Cheruskerfürsten ein Denkmal zu errichten, tauchte in einer sehr ungünstigen Zeit auf, in einer Zeit, wo
man in Deutschland sich in einer ganz besonders kosmopolitischen
Stimmung befand — nach der Juli-Revolution, die bei uns zu jedem andren, nur nicht zur Erhöhung eines gesunden und tüchtigen
Nationalgefühls führte. Das junge Deutschland beherrschte die
Literatur und predigte Weltbürgerthum. Ihm schien der Mann, der
am Thore einer deutschen Geschichte steht, eine sehr „austrogothische" Figur; der Gedanke, ihn zu verherrlichen, wurde als romantische Grille lächerlich gemacht. Heute, Gott Lob, stehen wir
auf andern Standpunkten — heute,

> wo zum eignen Geist
> Das ganze Volk in seinem Drang sich wendet,
> Und huldigend in schöner Treue preist
> Was Grosses in ihm selber sich vollendet —
> Nicht knieend mehr vor fremder Götter Bilde
> Nicht fremder Grösse träumend unterthan —

und heute, das ist unser bescheidener Wunsch, möge das reiche westfälische Land endlich einmal der verschollenen halbfertigen Denksäule gedenken und durch die vergleichungsweise geringen Opferspenden, welche jetzt nur noch nöthig sind, um die Vollendung zu erzielen, beweisen, dass es die grossen Momente seiner Vergangenheit und die grossen Namen seiner Geschichte in dankbarem Herzen trägt. —

Aber kehren wir zu den Extersteinen zurück, oder vielmehr, da wir ja noch auf der Wanderung zu ihnen begriffen sind, treten wir an sie heran. Wenn wir der kleinen Stadt Horn auf etwa eine Viertelstunde uns genähert haben, sehen wir die merkwürdigen Felsgebilde vor uns, à cheval der Chaussee gestellt, die nach Meinberg und Pyrmont führt. Sie ragen aus dem Fusse eines schmalen baumleeren Bergrückens hervor, welcher der Knickhagen heisst und sich neben dem Hauptstock des Gebirges in derselben Richtung fortzieht. Die „Steine" — es sind ihrer im Ganzen dreizehn, bestehen aus einem feinkörnigen Sandstein und sind mit vielfachen Spalten und Rissen durchzogen, von denen die meisten von oben bis unten durchlaufen und worin allerlei Gesträuch und grüne Vegetation Wurzel gefasst hat. So gewährt die ganze Reihe der Felsen in einiger Entfernung den Anblick einer gewaltigen uralten Mauer, welche hie und da durchbrochen oder eingestürzt zu sein scheint.

Die Höhe der Steine ist verschieden — der höchste hat über dem Boden 125 Fuss — ebenso ist der Umfang sehr ungleich.

Der äusserste Felsen gegen Westen steigt zu jener Höhe von 125 Fuss steil empor, am Fusse bespült von einem kleinen See, den man aus dem, die Steine durchrieselnden Bache, die Lichtheupte genannt, aufgestaut hat, zur Verschönerung der rings umher angebrachten Anlagen. Eine Treppe, die in den Felsen gehauen ist, führt auf den plattformartigen Gipfel, wo ein Tisch mit steinernen Bänken zum Ruhen einladet.

Der zweite Felsen in der Richtung nach Osten hin zeigt die groteskeste Gestalt; er überragt den ersteren, den er am Grunde fast berührt, nicht weil er höher ist, sondern weil er auf einer Erhöhung des Bodens steht. Der dritte, dicht neben dem zweiten, ist bedeutend niedriger. Auch an ihm sind Treppenstufen, die auf den Gipfel führen, angebracht, und von diesem Gipfel ist eine Brücke nach dem zweiten, zu den Resten einer alten Capelle hinübergeschlagen. Der vierte endlich steht vom dritten gerade so weit entfernt, dass er der Chaussee Raum gewährt, sich hindurch zu winden. Ein losgerissenes Felsstück ruht auf seiner Spitze und scheint jeden Augenblick die Wanderer, welche unten durch das Felsenthor schreiten, zerschmettern zu wollen, hat aber schon vor undenklichen Zeiten da gehangen. „Es hänget ein grosser Stein auf der Höhe" — heisst es in der Lippeschen Chronik vom Jahre 1627, „der drauet, als wenn er jetzt fallen wolle; so der Wind stark wehet, so beweget er ihn — aber er bleibet gleichwol hangen. Wie er aber oben angeheftet sei, das weiss Niemand als Gott selber." —

Der fünfte Felsen ragt über die andern um etwa 15 Fuss fort, durch den Bergrücken um so viel emporgetragen; er beschliesst die eigentliche und Hauptgruppe der Extersteine, die andern weiter ostwärts ragen nur noch mit den Gipfeln aus dem Bergrücken hervor.

Die eigentlichen Merkwürdigkeiten der Extersteine sind aber nicht allein ihre seltsamen grotesken Formen, sondern noch mehr die darin angebrachten Capellen und Kunstarbeiten. Das wichtigste und bedeutendste Denkmal uralter christlicher Sculptur ist das, in halberhabener Arbeit an der Aussenseite des ersten Felsens dargestellte Erlösungswerk. Zwar hat die Arbeit durch die Zeit und durch rohe Zerstörung von Menschenhänden gelitten, aber es ist im Ganzen genug erhalten, um die Bedeutung der einzelnen Gestalten zu erkennen. Das ganze Bild umfasst zwei, horizontal geschiedene Gruppen, von denen die obere, besser erhaltene die Kreuzabnahme, die untere aber Adam und Eva im Paradiese vorstellt. Beide Gruppen zusammen bilden gleichsam ein grosses Altarbild, und sind das älteste bis jetzt bekannte deutsche Sculpturbild von so grosser Ausdehnung. Die Höhe des ganzen Werkes beträgt 16 Fuss, wovon fast 12 Fuss auf die Kreuzabnahme kommen; seine Breite beträgt $12^{1}/_{2}$ Fuss. Um so mehr ist es zu bedauern, dass solch ein in seiner Art ganz einzig dastehendes Denkmal uraltester Kunst durch Verwitterung und durch Zerstörung so sehr gelitten hat, dass mehrere Figuren ganz verstümmelt und verletzt sind. Der Gestalt der heiligen Jungfrau fehlt der Kopf, der Kopf des Jüngers Johannes ist sehr beschädigt; Christus und Joseph von Arimathia haben beide den linken Arm, letzterer und Nicodemus auch die Beine verloren. Noch mehr als die obere Gruppe hat die untere gelitten, sie ist nur noch mit Mühe in manchen Theilen erkennbar. — Was den künstlerischen Werth der Arbeit angeht, so hat diesen schon Goethe anerkannt, nachdem ihm eine von Rauch verfertigte Zeichnung vorgelegt worden. „Die Composition des Bildes, sagt er, hat wegen Einfalt und Adel wirkliche Vorzüge. Ein den Leichnam herablassender Theilnehmer scheint auf einen niedrigen Baum (es ist ein Sessel) getreten zu sein, wodurch denn die immer unangenehme Leiter vermieden ist. Der Aufnehmende ist anständig gekleidet, ehrwürdig und ehrerbietig hingestellt. Vorzüglich aber loben wir den Gedanken, dass der Kopf des herabsinkenden Heilandes an das Antlitz der zur Rechten stehenden Mutter sich lehnt, ja, durch ihre Hand sanft angedrückt wird; ein schönes, würdiges Zusammentreffen, das wir nirgends wiedergefunden haben, ob es gleich der Grösse einer so erhabenen Mutter zukommt. In späteren Vorstellungen erscheint sie dagegen heftig in Schmerz ausbrechend, sodann in dem Schooss ihrer Frauen ohnmächtig liegend, bis sie zuletzt, bei Daniel Volterra, rücklings quer hingestreckt, unwürdig auf dem Boden gesehen wird."

Ausser Goethe haben sich zahlreiche Kunstkenner und Kunstschriftsteller mit den Extersteinen beschäftigt. „Die Composition der Kreuzabnahme, so lautet eines dieser Urtheile, ist durchdacht und mit Freiheit hingestellt; die Figuren mit dem Kreuze füllen den quadratischen Raum aufs beste; es ist nirgends eine Leere zu bemerken, selbst die Glaubensfahne, welche Gott der Vater (?) hält, dient dazu, um die Stelle ihm gegenüber symmetrisch zu füllen. Namentlich sind die Gewänder zu loben. Sie sind mit gutem Verständniss der darunter liegenden Formen in grosse einfache Falten gelegt. Die Ausführung derselben ist genau, ohne ängstlich zu sein. Die langen Gewänder der Maria, so wie der gefältelte Leibrock des auf dem Stuhle stehenden Mannes, (Joseph von Arimathia) zeugen von einem wahrhaft feinen Kunstsinn. — Die Grösse der Figur Christi, die um ein ganz bedeutendes länger ist als die der übrigen Gestalten, hat man nicht ganz mit Unrecht getadelt. Mag man immerhin zur Entschuldigung des Künstlers vorbringen, er habe nur durch die Grösse den Gottmenschen noch im Tode hervorheben können, so ist diese Hervorhebung doch eine gar zu stark accen-

tuirte geworden, die das Verhältniss stört; überhaupt sind die Figuren ein wenig zu lang und hager ausgefallen — aber das lag ja einmal in dem charakteristischen Style der mittelaltrigen Kunst." —
In demselben Felsen, an welchem sich das besprochene Bild befindet, ist eine kleine dunkle Capelle angebracht. Sie bildet ein längliches Rechteck von 34 Fuss Länge und 11 Fuss Breite; die Höhe beträgt 10 Fuss; sie hat drei Eingänge; neben einem derselben steht unter behauenem Felsenüberhange eine aus der Felswand halbhervortretende Steingestalt von Lebensgrösse; in der rechten Hand hält sie einen gewaltigen Schlüssel, der sie als den Apostel Petrus bezeichnet. Die Linke scheint sich auf ein Schwert gestützt zu haben, sie ist aber verstümmelt. — Auf der Spitze des zweiten Felsens ist oben in schwindelnder Höhe eine zweite Capelle ausgehauen, deren Grundfläche 70 Fuss vom Boden entfernt ist. Letztere bildet ein längliches Rechteck von 18 Fuss Länge und 10—18 Fuss Breite. Die ganze Architektur sowohl dieser als auch der untern Capelle gehört der Byzantinik oder dem neugriechischen Baustyle an, welcher vom Anfange des 11. Jahrhunderts bis in das erste Viertel des dreizehnten bei uns der allein herrschende war. Hält man die Rundbogen der Capelle mit dem ganzen plastischen Gepräge der Sculptur-Arbeit zusammen, so sieht man sich genöthigt, das 12. Jahrhundert als Entstehungszeit dieser Werke anzunehmen. Wir haben aber auch einen ganz bestimmten Anhaltspunkt, um die Zeit der Entstehung angeben zu können, nämlich eine in der unteren Capelle befindliche Inschrift, welche zu lesen ist:

Dedicatum Anno ab incarnatione Domini M.C.X.V. die IIII. Kalendas. . . .

Die Capelle ist also 1115 eingeweiht, und so ist anzunehmen, dass die Arbeiten an den Externsteinen in den ersten Jahren des 12. Jahrhunderts begonnen sind. —

Sehen wir uns nun nach dem um, was man über die Geschichte der Externsteine erforscht und festgestellt hat. Wohl ohne Zweifel bedeutet ihr Name nichts Anderes und nichts Tiefsinnigeres als einfach Elstersteine, den „Aeckster" ist in ganz Westfalen der Name für Elster, und wie man Falken-Eulen-Raben-Steine hat, kann man sich auch die Wortbildung Elstersteine gefallen lassen. Am verfehltesten scheint uns die Erklärung Jacob Grimms: „In den

Urkunden, sagt er, steht Agisterstein, Egestereustein. Für den vielgedeuteten Namen läge doch nichts näher als das althochdeutsche und gewiss auch altsächsische êgester, egesteren: ehegestern, vorgestern — was dem gestern vorausgeht bezeichnet lange Vergangenheit — es sind Felsen, nicht von heute, auch nicht von gestern, sondern von vorgestern, aus grauem Alterthume."

Aus dem Jahre 1093 stammt die erste historische Kunde, welche uns über die Extersteine erhalten ist. Damals gehörte die Gegend umher mit den Felsen einem Adalingsgeschlechte; es sind uns die Namen Imico, und Erpho, des Imico Sohn aufbewahrt. Imico starb, sein Sohn folgte ihm ohne Nachkommen zu hinterlassen und nun verkaufte Imico's Wittwe, Ida, dem Abte des Klosters Abdinghof zu Paderborn, Gumbert, für vierzehn Mark Silber und andere Geschenke Imico's früheres Besitzthum. Bischof Heinrich II. von Paderborn bestätigte diesen Kauf und stellte darüber eine Urkunde aus, welche diese Thatsachen enthält und uns durch den Jesuiten Schaten in dessen Annalen erhalten ist. Die Extersteine kamen also an die fleissigen, für die Cultur, den Ackerbau und die Versittlichung Deutschlands überall so thätigen Benediktiner-Mönche, die auf den meisten ihrer Besitzungen mit dem Baue von Kirchen oder Capellen begannen, wobei sie gewöhnlich selber den Hammer und den Meissel führten; und so haben wir ganz einfach die Architekten wie die Bildhauer, die den Extersteinen ihre jetzige Gestalt und ihren Schmuck gaben, unter den Benediktinern von Abdinghof zu suchen. Diese sorgten denn auch für die Abwartung des Gottesdienstes in dem, dem heiligen Kreuze gewidmeten Steinkirchlein in den Felsen; sie stifteten in dem Städtchen Horn eine Pfründe, deren Inhaber die Messe darin las, und den zahlreichen Wallfahrern, welche dahin zogen, die Sakramente reichte. Später siedelten sich Clausner oder Eremiten dort an — vielleicht in der untern Capelle, die seit Ausführung der obern nicht mehr für den Gottesdienst nöthig war. Sie wohnten bis gegen das Ende des 16. Jahrhunderts dort. Die Reformation aber, welche im ganzen Lippeschen Lande Fuss fasste, machte der Andacht an den Extersteinen ein Ende, und endlich zog Graf Simon von der Lippe als Landesherr das Beneficium an den Extersteinen ein — unter dem Vorwand, wie man erzählt, dass die Clausner wie Räuber und

Diebe gehaust, nachdem ihnen der Unterhalt entzogen worden. — In späterer Zeit wurde dann schlimm mit den schönen alten Arbeiten verfahren. Eine Zeit lang wohnte ein Förster mit seiner Familie in der unteren Capelle, der natürlich zerstörte, was ihm den Platz einengte; ja, im Jahre 1756 erhielt sogar ein Beamter zu Horn von der Regierung die Erlaubniss, die zum Baue eines neuen Hauses nöthigen Steine von dem bei den Extersteinen schon seit vielen Jahren verfallenen Mauerwerk zu holen! — Erst die ausgezeichnete, geistreiche Fürstin Pauline von der Lippe schenkte im Anfange des laufenden Jahrhunderts den Extersteinen wieder grössere Aufmerksamkeit; sie liess Treppen und eine Brücke von dem dritten nach dem zweiten Felsen anlegen und dann entstanden die jetzt den Punkt verschönernden Gartenanlagen umher. —

So viel von den merkwürdigen Felsbildungen. In eine Untersuchung dessen, was sie bereits in vorchristlicher Zeit bedeutet haben und in wie weit sie zu heidnischem Gottesdienst benutzt sein können, wollen wir hier, schon des Raumes willen, nicht eingehn. Man kommt ja dabei über Vermuthungen und Conjekturen nicht hinaus. Wir bemerken nur noch, dass es eine sehr reiche Literatur über die Extersteine gibt, worunter sich durch gründliches und erschöpfendes Eingehen die Schriften von Dr. W. E. Giefers auszeichnen*).

Aus den dunklen, dicht umlaubten Schluchten des Teutoburger Waldes, wo einst

Germania's Söhne stolz zu diesen Eichen
Zerbrochne Waffen ihrer Feinde brachten
Und siegesfreudig in der Wipfel Rauschen
Gesühnter Götter leises Flüstern hörten —
Wo sie die Adler der Cäsaren brachen
Und mit den Füssen Roma's Allmacht traten —

aus diesem schönen romantischen Stück der alten rothen Sassenerde versetzen wir uns in die idyllische freundliche Welt, welche die Weser geschaffen hat, indem sie sich ihr Bett wühlte am östlichen Saume unsres Heimathlandes her. Wir suchen hier die classische

---
*) Giefers Werkchen: Die Extersteine im Fürstenthum Lippe-Detmold. Eine historisch-archäologische Monographie, Paderborn 1851, sind wir hier namentlich gefolgt.

Stelle altchristlichen segensreichen Wirkens, die berühmteste Colonie des grossen Benediktiner-Ordens in niederdeutschen Landen, wir suchen Corvey auf, das mit seinem nahen Höxter einer der malerischesten Scenerien, welche die Weser durchströmt, die romantische Staffage gibt.

Corvey war einst die bedeutendste Vorburg der fränkischen Eroberpolitik, der am weitesten ins Sassenland vorgeschobene Posten des mit der heidnischen Rohheit und Finsterniss im Kampfe liegenden Christenthums. Kurz nachdem in dem Bischofsitz Paderborn ein fester Rückhalt für eine solche Schöpfung gewonnen war, sandte König Ludwig der Fromme, um 816, aus dem in der Nähe von Amiens liegenden Corbeja aurea, einer alten Stiftung der Frankenkönigin Bathilde, Mönche in das niedersächsische Land, welche sich in den düstern und rauhen Waldschluchten des Sollings ansiedelten. In der tiefen kalten Waldeseinsamkeit aber hielten es die frommen Väter nicht aus; der König Ludwig wies ihnen deshalb eine bessere Stelle zum Klosterbau auf einer villa an, welche er an dem Orte Huxari, in schönster Gegend des Weserthals, besass — die Mönche zogen um so freudiger hinüber, als die Lage von Huxari eine gewisse Aehnlichkeit mit der ihres theuren alten Corbeja darbot, dessen Namen auch auf die neue Schöpfung übertragen wurde. Der erste Bau des Klosters war 822 bereits so weit gefördert, dass es Obdach gewährte, und nun stiegen die Brüder in feierlichem Zuge aus der Waldnacht des Sollings herab, an ihrer Spitze der greise Abt Adelhard, umdrängt von Schaaren wilder heidnischer Sachsen, die neugierig zu dem ungewohnten Schauspiele zusammengeströmt waren und mit verwunderten Augen die wehenden Kirchenfahnen betrachteten, scheu die lateinischen Hymnen der dunklen Mönchsgestalten anhörten.

Es ist gar nicht hoch genug zu preisen, was in den ältesten Zeiten der Orden der Benediktiner für die Cultur Deutschlands gewirkt hat. Stifter wie Sankt Gallen, Reichenau, Fulda, Sankt Emmeran, vor allem Corvey sind wahre Brennpunkte der Civilisation für die ersten christlichen Jahrhunderte unserer Geschichte geworden. Namentlich haben die Benediktiner unermesslich segensreich gewirkt für die damals fast noch unbekannte Agricultur, worin ja das Hauptmoment der Zähmung halbroher Stämme liegt; kein Wunder, dass so segensreiches und aufopferungsvolles Wirken eifrige Unterstützung bei den Mächtigen und Reichen fand — die grossen Adalingsfamilien steuerten, wenn sie dem Christenthum gewonnen waren, wetteifernd aus ihrem unermesslichen und ganz unglaublichen Reichthum bei — und so dehnten sich die Besitzungen solch einer geistlichen Colonie bald zu kleinen Fürstenthümern aus. Dem Kloster Corvey schenkte z. B. der Kaiser Lothar die ganze Insel Rügen, und viele Tagereisen von demselben entfernt stiess man noch auf Höfe, die zu Corvey gehörten.

Im Innern der klösterlichen Genossenschaft mehrte sich unterdess die Thätigkeit für das Studium der Wissenschaften jener Zeit, namentlich durch Abschreiben der alten Classiker. Der Tacitus musste allein jährlich nicht weniger als zehn Mal in Corvey abgeschrieben werden — den Mönchen dieses Klosters verdanken wir denn auch die Erhaltung der fünf ersten Bücher des Tacitus; das Manuscript wurde im Jahre 1514 dem Pabst Leo X aus dem grossen Hause der Mediziäer zum Geschenk gemacht und befindet sich jetzt in Florenz. Eine unsrer wichtigsten Geschichtsquellen, die Annalen des Mönchs Wittekind, entstand in Corvey; die Namen von Männern, wie Anscharius, der erste Erzbischof von Hamburg, Papst Gregor V, Rabanus Maurus, Paschasius Radbertus knüpfen sich an diese Stiftung, aus der sie hervorgingen; und solchen Umfang hatte das Kloster, dass einst zu einer Zeit nicht weniger als 300 Mönche darin lebten.

Dass in dem grossen Mittelpunkt mittelaltrig klösterlichen Lebens der eigentliche Mönchsgeist mit seinem Wunderglauben nicht zurückblieb, brauchen wir nicht zu erwähnen. Es sind diesem Wunderglauben nicht wenig theils poetische, theils charakteristische Sagen und Legenden entsprossen. Die schönste und sinnvollste, welche jedoch auch an andere Orte, z. B. an den Dom zu Hildesheim sich knüpft, ist die von der weissen Rose zu Corvey. Wir erzählen sie unsrem malerischen und romantischen Westfalen nach:

„Die weisse Rose hing in alten Zeiten auf dem Chore an einem ehernen Kranze. Wann aber das Ende eines Mönchs nahte, dann fand er in der Frühe sie, wenn er zur Matutin in die Kirche kam, in seinem Chorstuhle liegen. Einst war es der junge Conventuale Markward von Spiegel, welcher sie auf seinem Sessel fand; er erschrak darüber heftig, dass er sein junges Leben lassen sollte, während so viele ältere Mönche, greis und gebückt aus dem Kreuzgange herbeikamen; desshalb legte er heimlich und eilends die weisse Lilie dem greisen Weribold in seinen Stuhl. Der alte Mann entsetzte sich, dass er in eine schwere Krankheit fiel; aber er genas, Markward von Spiegel hingegen starb nach drei Tagen. Seit dieser Zeit jedoch verschwand die Wunderblume." — Das ist die Sage von der weissen Lilie. — Andere Legenden von Corvei, die Paul Wigand in seinem Werke über die Abtei gesammelt hat, erzählen: War einer der Mönche krank und konnte nicht im Chor erscheinen, dann vernahm man den Gesang eines Engels von seinem Platze her; auch konnte man, wenn die Knaben der Abteischule das gloria patri etc. sangen, aus der Ferne des oberen Chores her, wo Sanct Viti Reliquien aufbewahrt wurden, die Stimmen der Engel mit wunderbarer Lieblichkeit das: sicut erat in principio etc. intoniren hören. Am Vitusfest kamen zwei lebendige Hirsche aus dem Sollinger Walde herüber geschwommen und schritten durch das Thor, das noch später die Hirschpforte hiess, in die Küche; einen behielt man und liess den andern in die Wildniss zurück. Hinter dem Altar in der Kirche sprudelte zugleich ein mächtiger Quell des besten Weines empor. Das geschah lange Jahre, bis man einst beide Hirsche zurückhielt und — von dem Weine zu viel trank. Da hörten die Wunder auf. In jenen glücklichen Tagen des Klosters sah man auch oft den Schatten des ersten Abtes, des heiligen Adelhard durch die Kirche schweben. Zwei Engel erschienen jährlich im Chore und leiteten die Gesänge, bis die dreiste Frage eines Präpositus, wer sie seien und woher sie kämen, sie auf immer verscheuchte.

Von grosser Bedeutung wurde namentlich die Klosterschule von Corvei; von allen Seiten sandte man ihr die Söhne mächtiger und edler Geschlechter zu, und wir haben oben die berühmtesten Zöglinge, welche aus ihr hervorgingen, genannt; im Anfange des 11. Jahrhunderts war jener berühmte Annalist Wittekind ihr Rektor. Dass mit der steigenden Blüthe des klösterlichen Gemeinwesens auch für die Verschönerung und die Vergrösserung der Bauwerke eifrig gesorgt wurde, brauchen wir nicht zu erwähnen; namentlich verdankte das Münster dem Abte Adelgar drei hohe schöne Thürme; ein andrer Abt Thintmar liess sechs prachtvolle Säulen aus Erz errichten und den Stolz des Hauptthurms, die grosse Glocke, Cantabona genannt, giessen. In dem Umfange der Abtei wurde auch ein Kaiserhaus erbaut, zur Wohnung der deutschen Könige, wenn sie nach Corvei kamen. Diese zogen dann auch nicht selten auf ihren Wanderungen durch das Reich in Corvei ein; wir wissen unter andern von einem längeren Aufenthalte Kaiser Heinrichs des Heiligen und seiner frommen Kunigunde dort.

Von all diesen grossen Herrlichkeiten ist heute wenig übrig geblieben: nichts als ein grosses, in eine Fürstenwohnung umgewandeltes Gebäude. Es gelang zwar der Abtei Corvei die durch den Westfälischen Frieden ihr bereits drohende Aufhebung abzuwenden und das kleine Corveier Ländchen hielt seine Fürstäbte — der letzte war ein Herr von Lüning — bis zum Lüneviller Frieden. Mit diesem aber ging ihr tausendjähriger Bestand zu Ende. Das Gebiet der Abtei wurde nach einander allerlei Herrn zugeworfen, dem Prinzen von Oranien, der auch Fulda bekommen hatte, dann dem König Jérôme, dann der Krone Preussen — endlich machte man eine Standesherrschaft für die Rothenburgische Nebenlinie des Hauses Hessen daraus, welcher Preussen Entschädigungen zu gewähren hatte. Als Theil der Hessen-Rothenburgischen Erbschaft ist Corvei dann an das Haus Hohenlohe-Schillingsfürst gekommen, und der jetzige Besitzer ist ein Prinz zu Hohenlohe-Waldenburg-Schillingsfürst, Victor Moriz Franz Karl, Herzog von Ratibor und Fürst von Corvei. Seine Residenz bildet das alte Abteihaus, ein grosses im Quadrat aufgeführtes Gebäude; die innere Ausschmückung verräth noch den Stempel des vorigen Jahrhunderts, obwohl die ehrwürdigen Fürstäbte, welche einst durch diese Räume schritten, sich kaum darin heute zurechtfinden würden, wenn sie in diese Fürstenwohnung des neunzehnten Jahrhunderts zurückkehren könnten. Der grosse Saal mit den Bildern der Aebte soll auch hier wie im Römer zu Frankfurt nur noch Raum für das Portrait des Letzten in der Reihe der geistlichen Fürsten geboten haben.

Was die Kirche angeht, so ist sie für ein solches Kloster wie Corvei war und trotz dessen, was uns von der mittelaltrigen Bauthätigkeit der Aebte mitgetheilt ist, auffallend unansehnlich und architektonisch unbedeutend; ein schlichter Bau, alt genug — das ist aber auch das Beste, was sich ihm nachrühmen lässt; er steht

z. B. weit jener ausgezeichnet schönen und so ausserordentlich malerischen Stiftskirche nach, welche an der Westgränze unsres Heimathlandes liegt, der der alten Abtei Essen, einer Kirche, welche mit ihrer Krypta, ihrer Vorhalle, ihrer Vorkirche, ihrer ganzen pittoresken Anordnung ein wahres Kleinod von Architektur ist, und nur leider in traurigster Weise verfällt.

Der eigentlich romantische Theil des Weserthales liegt oberhalb Höxter, etwa mit dem Einfluss der Diemel beginnend. Die schönen Landschaftsparthien von Herstelle, Beverungen, Blankenau, Wehrden, Fürstenberg, Godelheim sind jedem, der sie sah, unvergesslich; doch auch unterhalb Höxter sind der anziehenden Punkte nicht wenige; namentlich blüht der ganze Zauber der landschaftlichen Schönheit des obern Stromthals wieder auf in der Gegend von Polle, der Steinmühle, des alten freiadlichen Frauenstifts Möllenbeck, das eine Strecke landein auf dem linken Ufer liegt; berühmt auch sind die schönen Aussichten vom Paschenberge mit seinem alten Schlosse, der Schaumburg, dem Hohenstein u. s. w. Rinteln, dann Varenholz mit dem Schlosse des Grafen Simon VI. von der Lippe aus dem Jahre 1595, und Vlotho sind Punkte von fesselnder Schönheit, bis dann endlich das weite Bergthor jener gefeierten Porta Westfalica sich vor uns aufthut, die längst, bevor man diesen unpassenden lateinischen Namen für sie erfand und gang und gäbe machte, vom Volk viel einfacher und besser die Wesersch arte genannt wurde. Von einem Thor kann eigentlich gar nicht hier, wo die aus Süden kommende Weser sich einen Durchgang nach Norden hin gebrochen hat, die Rede sein — wer von Minden oder aus dem Osten her in das vor ihm liegende Westfalen gelangen will, wird die „Weserscharte" gar nicht auf seinem Wege finden, er sieht das ganze nördliche Westfalen an der linken Flussseite offen vor sich liegen.

Den landschaftlichen Charakter der Portagegend enthüllt unser Farbenbild; wir brauchen diese freundliche, anmuthige Scenerie deshalb nicht zu schildern und erwähnen nur, dass der mit bewaldeten Hängen auf dem linken Ufer sich erhebende Berg der Wittekindsberg genannt wird — sein eigentlicher Name ist Wedigenstein oder Margarethenkluse; er ist 834 Fuss hoch und trägt oben einen zur besseren Ausschau errichteten Thurm. Auf dem rechten Fluss ufer, mit dem Fusse bis dicht an den Uferrand vortretend, erhebt sich der Jakobsberg — an seiner Seite zeigen sich die malerisch im Grünen versteckten Häuser des freundlichen Hausberge. Dieser Ort war einst der Sitz eines gar mächtigen dynastischen Geschlechts, das sich „Edle vom Berge oder Schalksberge" schrieb. Sie waren die Advokaten oder Vögte der Kirche von Minden und blühten bis zum Ende des 14. Jahrhunderts, wo sie mit Otto vom Berge, Bischof von Minden und seinem Bruder Gerhard, Bischof von Verden und Hildesheim, den letzten ihres Stammes, ausstarben. Sie beherrschten von ihren Burgen auf dem Jakobsberge und dem gegenüberliegenden Wedigenstein aus den Strom, so dass kein Kahn, kein Wagen, kein Wanderer da unten vorüberziehen konnte, ohne in ihre Hand gegeben zu sein; und es ist nicht zu zweifeln, dass sie diese neidenswerthe Position nach Kräften ausgebeutet haben. In dem Flecken Hausberge wird die Stelle gezeigt — neben dem jetzt noch stehenden alten Amtshause — wo sich die Wohnung dieser Nachkommen des alten Herzogs Wittekind, (was sie ohne Zweifel waren) die „Scalesburg" erhob. Auf dieser Schalksburg hatte 1014 die Zusammenkunft zwischen Kaiser Heinrich III und Herzog Bernhard II von Sachsen Statt. —

Werfen wir einen Blick auf die im Hintergrunde zwischen den Bergen der Porta auftauchende Stadt Minden, die mit ihren Thürmen und ihrer steinernen Weserbrücke eine ganz hübsche Staffage der Landschaft bildet, in ihrem Innern jedoch enge unschöne Strassen und des Sehenswürdigen nicht gar viel umschliesst. Den alten, aus der Zeit von 1062—1072 stammenden Dom nehmen wir als sehr sehenswürdig freilich aus; jedoch ist auch er nicht durch seine Grösse oder seine Architektur gerade ganz besonders merkwürdig und wir können uns deshalb, ohne viel zu verlieren, des Besuches der von Wällen und Mauern engumgürteten Festung enthalten. Folgen wir lieber dem durch die Weserscharte laufenden Schienenstrang der Köln-Mindener Eisenbahn, die auf einer schön construirten Eisenbrücke bei dem Dorfe Rehme über den Strom setzt und dann nach dem, eine starke Viertelstunde davon entferntliegenden Oeynhausen, dem neuen und doch bereits so berühmten, vielbesuchten Badeorte bringt. Eigentlich heisst der Ort Neusalzwerk und war früher nichts als eine einsame königliche Saline. In der Nähe derselben wurde im Jahre 1829 die berühmte Bohrarbeit zur Entdeckung einer neuen Salzquelle begonnen, und dieses Bohrloch hat jetzt eine Tiefe von 2500 Fuss erhalten; es hat zugleich eine äusserst ergiebige und heilkräftige Soolquelle hervorgebracht. Kümmerliche Versuche, welche ein Landmann mit der über sein Feld fliessenden Quelle machte, und die trotz ihrer Mangelhaftigkeit überraschende Resultate ergaben, bestimmten die Regierung, das umliegende Terrain anzukaufen, es zu einem Park umzuschaffen und zur Anlage einer Badeanstalt in Neusalzwerk zu schreiten; man gab dem neu entstehenden Ort seinen Namen zu Ehren des trefflichen westfälischen Berghauptmanns von Oeynhausen, welcher die Bohrarbeit geleitet hatte. Mit einem Staatsvorschuss von 5000 Thalern wurden die ersten nöthigsten Einrichtungen für die Bäder gemacht und im Juni 1845 konnte man die erste Saison eröffnen; die in überraschender Weise steigende Frequenz führte dann zur grossartigen Erweiterung der Anlagen, deren Mittelpunkt jetzt das seit einigen Jahren vollendete grosse Badehaus bildet, ein aussergewöhnlich geschmackvolles und schönes Gebäude, das ein glänzendes Zeugniss von dem Talente seines Architekten ablegt. In der That kann man sagen, dass es an Grösse und Schönheit von keinem Badehause der Neuzeit erreicht wird. „Man tritt von der Hauptstrasse des Ortes her zunächst in einen von den vorspringenden Flügeln umfassten Vorhof, dessen Rasenornamente in architektonischen Linien dem Charakter des Gebäudes sich anschliessen. Eine Freitreppe führt uns zum Mittelbau mit seiner stolzen Kuppel; dieser empfängt uns zunächst in einem korinthischen Säulenportikus, welcher die Eingangshalle bildet; symbolische Figuren über den Glasthüren bereiten auf die Bestimmung des Gebäudes vor. Durch die schön angeordnete Vorhalle, einen oblongen Raum mit pompejanisch roth bemalten Wänden, tritt man sodann in den Kuppelsaal, überrascht durch die Kühnheit des Gewölbes, durch die Harmonie der Farben und durch die künstlerische Dämpfung ihres Lichts. Dieser Saal ist entschieden der Glanzpunkt des ganzen Bauwerks. Wie in der Vorhalle hält sich auch hier der Mosaikboden in einfachem und gedämpftem Farbenstreit und der untere Theil der Rundwand ist nur von einfachen Divans unterbrochen, um den Charakter der Halle noch mehr zu heben. Ueber diesen, in Nischen stehend, bezeichnen vier allegorische Gestalten die Gaben des Segens und der Kunst, denen diese Hallen gewidmet sind. — Aus der Kuppel treten wir rechts und links in die Wartesäle und werden hier von einem nicht mehr ernst, sondern durchaus heiter und gefällig gehaltenen Raum empfangen. Zwei jonische Säulen mit goldener Kanellirung bilden den freien Eingang, ihnen gegenüber strahlen grosse Spiegelwände das Ganze zurück; durch die Fenster fällt reichliches Licht auf die landschaftlichen Wandmalereien, welche lebhaft und graziös nach heitern italienischen Motiven ausgeführt sind. Eine kleine Passage führt aus diesen, zugleich als Leseczimmer dienenden und mit einer reichen Auswahl von Journalistik versehenen Wartesälen in diejenigen Räume, welche die mehr materielle Seite des ganzen Werkes vertreten. War bisher die Grösse der Massen künstlerisch und durch das Mass der schönen Formen gemildert, so tritt uns jetzt wieder die ganze Grossartigkeit des Werkes entgegen. Wenn wir sagen, dass jeder Flügel 200, jeder Corridor 120 Fuss lang ist, dass er taghell erleuchtet wird durch 30 in zweiter Stockhöhe befindliche Fenster, dass er rechts und links 36 Badezellen, ausserdem an der Nordseite ein prachtvolles Pavillonbad, an der Südseite einen Douche-Pavillon enthält, dass also beide Flügel zusammen 72 geräumige und 4 grossartige Baderäume umfassen, so mag man sich eine Vorstellung von der Grösse des Bauwerks machen. Die Badezellen sind höchst elegant eingerichtet, die Wannen zur Hälfte von Holz, zur Hälfte von Porzellan, theils im Boden, theils über ihm, und zwar die letzteren in Sitzhöhe, so dass der Gelähmte auf dem Rande sitzend mit grösster Leichtigkeit das Bad besteigt. — Ein Flügel mit seinem Wartesaal ist für die Frauen, der andere für die Männer bestimmt." —

Das schöne Badehaus gränzt vorn an die Hauptstrasse des neuen Orts, und wird auf den andern Seiten unmittelbar vom Park umfasst, dessen Laub- und Rasenparthie sich von Jahr zu Jahr mehr entwickeln, und dessen Wachsthum so gepflegt wird, dass daraus in kurzer Frist einer der schönsten und grossartigsten Badeparke entstehen wird. Eine musikalische Kapelle sorgt Morgens und Abends für die Unterhaltung der Gäste. — — Ausser den Hauptbädern besitzt Oeynhausen gewöhnliche Soolbäder ohne das Reizmittel der Kohlensäure; ferner Wellenbäder in der Werra, einem kleinen Fluss, der bei Rehme in die Weser mündet; eine Anstalt für Molken und Mineralwässer im Kurgarten selbst, kohlensaure Gasbäder und Gasdouchen in neueingerichteten Kabinets; und endlich eine Eigenthümlichkeit, welche es vor allen Bädern voraus hat, das Dunstbad, d. h. einen mit Sooltheilen erfüllten, erwärmten Pavillon. So fehlt denn Oeynhausen nichts, was ihm eine grosse Zukunft, einen Platz unter den berühmtesten Bädern Deutschlands verbürgen kann.

Ueber die Quelle selbst fügen wir noch folgende Notizen hinzu. Die Bergmasse, welche die Umgegend von Oeynhausen bildet, ist ein Flötzgebirge vom Muschelkalk aufwärts bis zum Jurakalk. Was hauptsächlich zu Tage steht, ist Keuper. Als man bereits im Jahre 1829 die Bohrung begann, wurde diese in einer Höhe von 217 Fuss über dem Nullpunkt des Amsterdamer Pegels angesetzt. Im Jahre 1847 war man in eine Tiefe von 2220 Fuss rheinländisch gekommen, also 2000 Fuss unter das Niveau der Nordsee — eine Arbeit, die in der Geschichte der geognostischen Technik wohl ganz vereinzelt dasteht. Alexander von Humboldt bemerkt deshalb im Kosmos: „Die grösste relative d. h. unter den Meeresspiegel hinabsteigende Tiefe, welche die Menschen bisher erreicht haben, ist vielleicht das Bohrloch zu Neusalz-Werk bei Preussisch-Minden. Der artesische Brunnen von Grenelle bei Paris hat nur 1683 Fuss Tiefe." Nur von den Chinesen soll noch mehr erreicht sein, in den sogenannten Feuerbrunnen, Ho-tsing, welche man abteuft, um sich Wasserstoffgas zu verschaffen, das zum Salzsieden gebraucht wird; bei Tscu-licu-tsing, — Ort des Immerfliessens — soll ein solcher Feuerbrunnen, im Jahre 1812 mit dem Seil gebohrt, 3000 Fuss tief sein.

In Oeynhausen fand man bei der Bohrung zwar nicht, was man erwartete, ein Steinsalzlager: mit 206 Fuss Tiefe erbohrte man aber die Quelle, die von höchst eigenthümlicher Beschaffenheit, zugleich ausserordentlich stark aufsprudelte. Die Masse des Wassers stieg bis zu einem Abfluss von 40 Kubikfuss in der Minute; die Temperatur hob sich bis über 26 Grad Reaumur. Der Gehalt an festen Bestandtheilen in der Soole hat sich in dem Masse, wie man weiter eindrang, bis auf $4^1/_2$ Prozent vermehrt und besteht gröstentheils aus Kochsalz mit einem bedeutenden Zusatz von salzsaurer Magnesia und schwefelsauren Salzen; dazu kommt ein auffallender Reichthum an Brom. — Das Wasser tritt völlig klar zu Tage, aber eigenthümlicher Weise besitzt es eine viel stärkere Strahlenbrechung und farbenzerstreuende Kraft als gewöhnliches reines Wasser, sodass die Gegenstände, welche man hineintaucht, die Umrisse stärker verändern und einen Farbenrand bekommen. Wegen des Reichthums an Kohlensäure brodelt das Wasser wie ein weisser siedender Schaum aus dem Loche hervor.

Mit dem Aufschwung, den das neue Bad zu Oeynhausen nahm, entstand rasch anwachsend ein neuer Ort, welcher gegenwärtig aus einigen hundert Häusern besteht, von denen über hundert, zum Theil Hotels oder hübsche Villen, zur Aufnahme von Kurgästen bestimmt sind. —

Die Wirksamkeit des Bades ist in einem eminenten Grade erprobt bei allen Formen von Nervenkrankheiten, dann gegen Skrofeln in allen Formen, gegen Rheumatismen, Hautkrankheiten, Arthritiden, Frauenkrankheiten und bei Leiden der Verdauung. Durch vermehrte Ausbildung der Muskeln verändert sich selbst bei Erwachsenen der ganze Habitus des Patienten. Der Geschmack der Soole ist scharf salzig, hinterher herbe eisenhaft. —

So viel von dem neuen und bereits so berühmten, von Leidenden aus allen Weltgegenden besuchten westfälischen Bade. Ein nicht geringer Vorzug desselben ist, dass es dicht an der Eisenbahn liegt.

VI.

Diese selbe Eisenbahn ist es denn auch, die uns auf unsrer raschen Wanderfahrt weiter fördern soll. Sie bringt uns zuerst nach dem alten heiligen Herford, das einst ein berühmtes Frauenstift besass, und das Ansprüche auf Reichsunmittelbarkeit machte, ohne sie doch durchsetzen zu können; das Stift dagegen war reichsunmittelbar. Es soll gegründet sein von einem frommen Manne Waltgerus im Jahre 830; reich beschenkt von den deutschen Königen Ludwig dem Frommen und Ludwig dem Deutschen, wurde es bald eine der vornehmsten kirchlichen Genossenschaften dieser Art im Sachsenlande, und das wohl zumeist durch seine Beziehung zu dem grossen Hause der deutschen Kaiser aus dem Sachsenstamm. Im Jahre 911 ist Mathildis, die Grossmutter der Gemahlin Kaiser Heinrich's I. Aebtissin zu Herford. Diese Gemahlin Heinrich's, die Mutter Kaiser Otto's des Grossen, wurde in Herford erzogen. Das ganze Mittelalter und die Zeiten bis zur Aufhebung hindurch sehen wir Töchter aus den edelsten deutschen Fürstenhäusern mit dem Stabe von Herford begabt. Eine der bemerkenswerthesten darunter war Elisabeth Louise von der Pfalz, eine der gelehrtesten und geistreichsten Frauen ihrer Zeit, die Tochter des unglücklichen Kurfürsten von der Pfalz, welcher die Krone Böhmens einen Winter hindurch trug, geboren 1618, und seit 1667 Aebtissin von Herford. Sie starb 1680 in ihrem Stift. — Ausser dem alten Münster der Abtey ist in Herford noch eine andre Stiftskirche sehenswerth, die von St. Johann und Dionys, in welcher eine Zeit lang die Gebeine des Sachsenherzogs Wittekind ruhten. Wittekind nämlich ist in dem etwa zwei Stunden nordwestlich von Herford liegenden Dorfe Enger begraben, das in den grauen Urzeiten die Hauptstadt des Landes der Angrivarier gewesen sein soll, und das noch jetzt der wahrhaft classische Boden westfälischer Wittekindssagen ist. Die Frage, ob Enger wirklich Wittekind's Grabstätte sei, ist vielfach erörtert und kritisch untersucht worden, und es muss eingestanden werden, dass sie sich urkundlich nicht bekräftigen und aufrecht erhalten lässt; dagegen kann auf der andern Seite nicht geleugnet werden, dass der Richtigkeit der alten Tradition auch nichts entgegentritt, was im Stande wäre, sie zu widerlegen. Es ist jedenfalls sonst doch fast unerklärlich, wie nach dem einsam liegenden kleinen Dorfe Enger das von der Kaiserin Mathilde, der Enkelin Wittekinds, gegründete grosse Chorherrenstift gekommen? Dieses Stift wurde im Jahre 1414 nach Herford verlegt, und dorthin wurden auch die Gebeine Wittekinds übertragen; in unsrem Jahrhundert, am 13. Oktober 1822, wurden sie jedoch ihrer ursprünglichen Grabstätte zurückgegeben und feierlich wieder nach Enger gebracht, wo ein Schrein in der Kirche sie umschliesst, und auf dem Chore sich die uralte, aus dem 12. Jahrhundert stammende Tumba des grossen Sachsenheerführers erhebt.

Nach Herford erreichen wir in kurzer Frist das freundliche, belebte, industrielle Bielefeld, allen sorglichen Hausfrauen in Deutschland ein durch seine sauberen und soliden Produkte längst theuer gewordener Name. Es ist ein lachender Anblick, diese ganze Gegend um Bielefeld mit ihren unzähligen, aus dem Grün hervorlugenden kleinen rothen Dächern, die den Herd fleissiger Weber beschirmen, mit ihren grossen Industrie-Bauten, unter denen sich namentlich der geschmackvolle Bau der grossen Ravensbergischen Spinnerei hervorhebt. Bielefeld liegt an einem kleinen Flusse, der Lutter, welche ein weiches, dem Bleichen der Leinewand besonders günstiges Wasser führt. Die eigentliche Veranlassung aber, dass die Linnen-Industrie sich gerade hier vorzugsweise entwickelte, ist — wie an so manchen andern Orten das Aufblühen einer besondern Gewerbsthätigkeit sich an die Geschichte der Glaubenskämpfe des 16. und 17. Jahrhunderts knüpft — in dem Umstande zu suchen, dass sich in dieser Gegend des Ravensbergischen Ländchens eine bedeutende Anzahl Niederländer ansiedelte, welche vor den Religionsverfolgungen der Spanier aus ihrer Heimath geflüchtet waren. In neuester Zeit ist die Linnenproduktion Bielefelds in eine ganz neue Phase getreten — man hat den lange discutirten Schritt, den Uebergang zur Maschinenspinnerei gemacht, der sich freilich nicht mehr umgehen liess, seitdem das Handgespinnst überall durch das Maschinengarn verdrängt wurde, namentlich in Amerika, welches früher einen Haupt-Absatzpunkt darbot. Die Errichtung grosser Etablissements wie der Ravensbergischen Spinnerei und des „Vorwärts" ist deshalb eine Wohlthat für die völliger Verarmung zusinkende Weber- und Spinnerei-Bevölkerung geworden.

Aber Bielefeld webt und spinnt nicht bloss, es ist rührig und rege nach allen Seiten hin, und ein Blick, den wir, etwa nur vom Bahnhof der Eisenbahn aus, um uns werfen, zeigt uns, dass hier in Fabriken und Unternehmungen mannigfacher Art jener Geist zu herrschen beginnt, der von nun an durch das ganze Land, das der Schienenstrang der Köln-Mindener Bahn durchzieht, und bis an den Rhein hinab lebendig und in fast krankhafter Thätigkeit gewesen ist, um aus dem guten soliden alten Westfalen plötzlich und in weniger Jahre Frist ein grosses Manchester oder Birmingham zu machen. Es war, als ob die rothe Erde plötzlich die goldene

werden, als ob auf unsern einst so stillen und friedlichen Ackerfluren alle Millionen der Welt zusammenströmen und die Walpurgis-
nacht des Mammonsdienstes aufführen sollten. Der Fremde, welcher die Reise in westlicher Richtung rheinwärts durch unsre Heimath
macht, schaut verwundert alle diese zahllosen Zechen-, Hochöfen-
und Hüttenwerke, mit ihren schlank und keck in die Lüfte steigenden hohen Essen, welche sich rechts und links in nicht endender
Linie reihen. Aber all' den schönen Träumen ist jetzt ein trübseliges
Erwachen gefolgt, es hat sich auch hier gezeigt, dass bedeutende
Ziele nicht im Sturm erreicht werden, sondern nur durch die aus-
dauernde, mühsam und bescheiden beginnende Arbeit — die Arbeit,
welche die brutale Thatsache des Reichseins und Reichwerdens
allein versittlichen, ihr die ethische Anerkennung verschaffen kann.
Unterdess sind dem Schwindel zahllose Opfer gefallen, Ehre, Repu-
tation und Familienglück haben Schiffbruch gelitten durch die leicht-
sinnige Annahme, Westfalen sei eigentlich ein kohlschwarzes Cali-
fornien — im Ganzen aber glauben wir trotz alle dem, dass die
industrielle Agitation zu viel gutgegründete und reelle Voraussetzun-
gen hatte, als dass sie nicht endlich doch, wenn sie allmählich und
mit westfälischer Zähigkeit und Ausdauer die Ziele, welche sie
nicht im Sturme erreichen konnte, wieder aufnimmt, zu grossartigen Ergebnissen führen wird. Der ungeheure, gar nicht zu
übersehende Reichthum unsers Bodens an Kohlen, an Erzen, ist
einmal da. — Die Communicationswege, die Eisenbahnen mehren
sich; eine grosse Wasserbahn soll geschaffen werden, eine neue mächtige Verkehrsader zwischen Rhein und Weser, ja Elbe — es ist
sicher vorauszusehen, dass Westfalen eine grosse und äusserst be-
deutsame industrielle Zukunft bevorsteht, wenn man sich nur nicht so
völlig entmuthigen lässt, wie es jetzt der Fall ist, und wenn wir der
Tugend unserer Vorfahren eingedenk bleiben, jener Tugend des
zähesten und nicht nachlassenden Festhaltens an dem einmal Be-
schlossenen und Begonnenen.

Unterdess kehren wir zu unsrem Bielefeld zurück, und werfen
zunächst einen Blick auf das, was es von historisch-romantischen
Elementen besitzt. Dahin gehören zwei sehenswerthe Kirchen und
die Ruinen von dem die Stadt überragenden Sparrenberg. Von den
Kirchen besitzt die von St. Nikolai ein schönes Altarschnitzwerk

und die Marienkirche vortreffliche Grabmonumente, namentlich eines, worauf die Stifter der Kirche, Graf Otto von Ravensberg, seine Gemahlin Hedwig von der Lippe und zwischen ihnen ihr Sohn Graf Ludwig abgebildet sind.

Der Sparrenberg erhielt zuerst im Jahre 1177 von dem Edlen Herrn Bernhard von der Lippe eine Befestigung; der Graf Herrmann von Ravensberg bemächtigte sich jedoch derselben und pflanzte sein Sparrenbanner darauf — der Sparren ist das Wappen von Ravensberg und daher erhielt die Veste ihren Namen. Dieser Herrmann von Ravensberg war aus dem Geschlechte der Grafen von Calvelage, die von ihrer gewöhnlichen Residenz, der Burg Ravensberg (einige Stunden nordwestlich von Bielefeld an dem westlichen Abhange eines Ausläufers des Teutoburger Waldes) herab das fruchtbare, nach ihrer Burg genannte kleine Land beherrschten; sie erloschen schon vor 1316, denn in diesem Jahre belehnte Kaiser Ludwig der Bayer den Herzog Gerhard von Jülich mit den ravensbergischen Besitzungen. Mit der Hälfte der jülich-bergischen Erbschaft kam Ravensberg seit 1609 an Brandenburg — so konnte man in Bielefeld in unsrem Jahre (1859) die Säcularfeier der 250jährigen Vereinigung der Grafschaft mit der Krone Preussen begehen.

Während die alten Grafen von Ravensberg auf ihrem Stammschloss hausten, bildete der Sparrenberg bei Bielefeld den Sitz ihres Drosten oder Amtmanns. Im Jahre 1545 wurde die Burg ganz neu aufgeführt, nach der Befestigungsart jener Zeit; der Grosse Kurfürst Friedrich Wilhelm von Brandenburg wandte ihm dann seine Fürsorge zu; er vergrösserte das alte Schloss und residirte darauf, wenn er seine neuerworbenen westlichen Landestheile besuchte. Auf dem Sparrenberge gebar ihm seine zweite Gemahlin, Dorothea von Holstein-Glücksburg, am 26. Dezember 1672 den Markgrafen Karl Philipp, der im blühendsten Alter unter den Mauern der belagerten Festung Casale in Piemont starb — er war 1691 als Chef eines Hülfscorps, das sein Bruder Kurfürst Friedrich III. den kaiserlichen Truppen in ihrem Kriege mit Frankreich gestellt hatte, nach Piemont gekommen. Hier, in der Hauptstadt Turin, hatte der junge und liebenswürdige Prinz sich in eine dunkeläugige italienische Schönheit verliebt, die Marchese Katharina Balbiani, Wittwe eines englischen Grafen Salmour. Da der Markgraf Karl Philipp nicht hoffen durfte, jo die Einwilligung seines Souverains und Familienhauptes zu einer Verbindung mit einer Marchese Balbiani, die noch obendrein katholisch war, zu erhalten, so beschloss er ohne jede Einwilligung durch eine kühne That sich in den Besitz seiner Geliebten zu setzen. Er lud eine kleine Gesellschaft von Turiner Hofleuten und einige Herren seines Gefolges zu einem Gastmahl auf die Venerie ein, das Jagdschloss des Herzogs von Savoyen. Dorthin beschied er auch den Pfarrer des Orts, und als dieser nach aufgehobener Tafel erschien, erklärte er vor ihm und der ganzen Versammlung, dass er die Gräfin Salmour zu seiner Gattin nehme, während die schöne Gräfin fortfuhr: „Ich nehme zu meinem ganzen, rechtmässigen Gemahl den Herrn Prinzen Karl von Brandenburg".

Man kann sich den Tumult und das Aufsehen, welche diese Erklärungen hervorriefen, namentlich bei dem Gefolge des Prinzen, vorstellen. Doch scheiterten alle Versuche, die jungen Leute zu trennen, an der Standhaftigkeit des liebenden Paares, bis es dem Stallmeister des Prinzen gelang, vom Herzog Victor Amadeus Massregeln der Gewalt gegen sie zu erwirken. Ohne sich auf die streitige Frage einzulassen, ob hier ein nach den kirchlichen Gesetzen zu Recht bestehendes Ehebündniss vorliege, liess der Herzog die Gräfin Salmour durch einige seiner Offiziere mit Gewalt aus den Armen des verzweifelnden Prinzen entführen und in ein Kloster zu Turin bringen. Der Prinz Karl Philipp aber begab sich, nachdem er Herr seines ersten Schmerzes geworden, zu seinen Truppen, die vor Casale lagen, und dort ist er bald nachher — am 13. Juli 1695 — an einem hitzigen Fieber gestorben, das ihn in Folge seiner Gemüthsleiden befallen hatte. Die Gräfin Salmour, welche wahrscheinlich sehr bald darauf aus ihrer Klosterhaft entlassen wurde, heirathete in späteren Jahren einen aus Sachsen stammenden Grafen Wackerbarth.

Was den Sparrenberg angeht, so fand die alte Feste ihr Ende in der Mitte des vorigen Jahrhunderts, wo man sie abbrach und nur einige Bautheile stehen liess, welche zu Gefängnissen eingerichtet wurden. —

Von Bielefeld folgen wir der Eisenbahn nur so lange noch, bis sie den nordwestlich streifenden Arm des Teutoburger Waldes durchzogen hat, das heisst bis zur nächsten Station; sie durchschneidet dann das weite Flachland des grossen Westfälischen Landbusens, ehemals öde sandige Strecken, einsame Haidegegenden, das Paradies der Haideschnucken — jetzt doch überall der Cultur und dem Anbau gewonnen. Wir aber schlagen andere Wege ein. Wir wenden uns rechts und folgen auf einer neugebauten vortrefflichen Chaussee dem Zuge der Höhen an ihrem Fusse her; es begleiten uns die wenige hundert Fuss hohen, meist an der untern Hälfte beackerten, oben mit Wald und Gebüsch bedeckten Hügel zu unserer Rechten; zu unserer Linken dehnt sich das emsig angebaute Ravensbergische Land mit seinen stattlichen, von grosser Wohlhabenheit zeugenden Bauerhöfen, dem Hort patriarchalischer Sitte, in denen man noch die alten Trachten, die kostbare, zum Sonntagsstaat gehörende Goldhaube und den unabgeschliffenen kernplattdeutschen Dialect findet. Wir kommen an den weithin das Land beherrschenden Ruinen der Burg Ravensberg vorüber, einer der ältesten Festen im Lande zwischen Weser und Rhein, denn schon in einer Urkunde von 851 wird sie genannt. Der Sehenswürdigkeiten sind nicht viele da oben, ein alter Donjon, verwitterte Ringmauern, ein abgrundtiefer Brunnen — das ist so ungefähr Alles und wir ersparen uns also die Mühe, hinaufzuklimmen. Weiter wandernd gelangen wir nach Dissen, dem Hauptort einer alten Grafschaft, nach dem königlich hannoverschen Domainengut Palsterkamp mit seinen Rittersagen, und endlich nach dem freundlich gelegenen Rothenfelde, einer grossen Saline, deren riesige Gradirwände sich uns längst von weitem angekündigt haben. Rothenfelde ist ein besuchter, namentlich gegen Scrofelleiden sehr wirksamer Badeort. Von Rothenfelde an führt uns die neue Staatsstrasse nicht mehr am Fusse des Höhenzuges entlang, sondern sie schlägt sich mitten hinein, und durch eine Gebirgslandschaft von grossem Reiz und voll Abwechselung erreichen wir endlich das schöne Iburg mit seinem Schlosse, das einst halb eine Fürstenwohnung, halb eine Abtey war, und jetzt der Sitz von Behörden, des königlich hannoverschen Amtsgerichts ist.

Der Sage nach gebot einst ein alter Sachsen-Adaling über das ganze Land am Osning; er hatte drei Töchter, Iva, Teckla und Ravena, denen er als Ausstattung drei Burgen schenkte und nach ihnen nannte. Ravena erhielt Ravensberg, Iva Iburg und Teckla Tecklenburg. Es scheint, so gemacht auch diese Sage klingt, Iburg allerdings ursprünglich eine sächsische Befestigung gewesen zu sein, die Karl der Grosse zerstört haben mag. Auf den Grundmauern und Trümmern dieses Castells gründete Bischof Benno II. von Osnabrück im Jahre 1060—1070 die grosse Benediktinerabtey Iburg. Bischof Benno II. von Osnabrück ist ein historischer Charakter von eigenthümlich anziehendem Gepräge. Ein Mann von ausgezeichneter Gelehrsamkeit, nicht allein in dem gewöhnlichen historisch-theologischen Wissen jener Zeit, sondern auch in der Architektur und den Realien bewandert, wie Bernward von Hildesheim es war, zeichnete er sich zuerst durch eine von ihm geleitete Restauration des Domes zu Speier aus. Kaiser Heinrich IV. ernannte ihn dann zu seinem Major Domus und zum Aufseher über die kaiserlichen Bauten, ein Amt, welches seiner Thätigkeit einen weiten Spielraum bot — man weiss ja, wie fleissig Kaiser Heinrich IV. Schlösser, Burgen und Befestigungen im Sachsenlande baute. Später erhob ihn der Kaiser auf den Bischofstuhl von Osnabrück. Doch hielt er sich zumeist am Hofe des Gebieters auf, und theilte mit diesem alle wechselnden Schicksale; er wurde der treue Genosse des flüchtigen, verfolgten, abgesetzten alten Kaisers. Diese Flucht des treuen Mannes hat ein Osnabrücker Dichter von bedeutendem Talente, der am Ende des vorigen Jahrhunderts lebte, Broxtermann, nicht ohne Glück in einem erzählenden Gedichte ausgemalt. Als nach dem Tode Pabst Gregor's VII. die Macht Kaiser Heinrich's sich neu befestigte, kehrte auch Benno in sein Bisthum zurück, und erbaute nun die Benediktiner-Abtey zu Iburg, die von nun an sein Lieblingsaufenthalt wurde, und bis zum Jahre 1680 den Fürstbischöfen von Osnabrück zur Residenz diente. — In dem Altar der neuen Klosterkirche liess er eine Höhlung anbringen, wie sie sich unter dem Altare im Dome zu Brixen befindet. Dort hatte nämlich Kaiser Heinrich einst eine Anzahl von Bischöfen, welche ihm anhingen, versammelt und durch sie den Pabst Gregor VII. seiner Würde entsetzen lassen; als aber der Augenblick des Abstimmens gekommen, war Benno in die Höhlung geschlüpft, um nicht seine Stimme wider seinen rechtmässigen Oberhirten abzugeben; als der kritische Akt vorüber war, sass Benno wieder ruhig an seinem Platze. Weshalb er diese eben nicht rühmliche Schlauheit in seinem Neubau verewigte, ist von dem Chronisten, der uns die Thatsache erzählt, nicht aufgehellt! —

Benno starb im Jahre 1088 auf seinem Thurme zu Iburg. Nach seinem Tode wurde dieses bald, wie erwähnt, die gewöhnliche Residenz der Fürstbischöfe von Osnabrück. Namentlich war sie dies zu den Zeiten des Bischofs Franz von Waldeck, der die Hochstifter Münster, Osnabrück und Minden gerade in der Zeit besass, als in Westfalen die Wiedertäufer-Unruhen ausbrachen. Franz von Waldeck bot Alles auf, den tollen Eiferern den Krieg zu machen, und als er sie endlich überwältigt hatte, wüthete er mit den unmenschlichen Strafen, der ganzen Barbarei des Criminalverfahrens des 16. Jahrhunderts wider sie. Er selber war jedoch in seinem Herzen von der alten Kirche längst abgefallen und hatte sich dem Protestantismus zugewendet; er lebte in einer Art Gewissensehe mit Anna Poelmanns, die wie eine Fürstin auf Iburg Hof hielt und, wie man sagte, das Hochstift Osnabrück regierte. Zwei Söhne des Bischofs und der Anna Poelmanns waren es denn auch, welche König Johann von Leyden in seine Gewalt bekommen hatte, und die er als seine Pagen seinem Hofstaat zugesellte. — Franz von Waldeck vermochte es jedoch dem hartnäckigen Widerstande seiner Landstände gegenüber nicht, die Reformation in seinen Landen durchzusetzen. Er musste den kühnen Gedanken fahren lassen, wollte er nicht Land und Leute meiden, wie Gebhard Truchsess von Waldburg, der Erzbischof von Köln. — Auf einem im Jahre 1548 zu Osnabrück gehaltenen Landtag erklärte der Fürstbischof, dass er der Augsburgischen Confession entsagen und der katholischen Lehre treu bleiben wolle. —

Durch den westfälischen Frieden wurde die Bestimmung getroffen, dass das Stift Osnabrück abwechselnd durch einen katholischen und einen protestantischen Fürsten regiert werden solle. Unter den protestantischen Bischöfen war gegen Ende des 17. Jahrhunderts Herzog Ernst August von Braunschweig und Lüneburg. Dieser erbaute das Schloss zu Osnabrück und von nun an, 1680, wurde Iburg als Residenz verlassen.

Das alte Abtey-Gebäude umschliesst nicht viel des Sehenswürdigen; nur ein Rittersaal mit den Bildern der Osnabrückischen Fürsten, gemalt um 1653, ist da, der den Besuch schon durch die schöne Aussicht lohnt, welche man von seinen Fenstern aus geniesst.

Das Schloss zu Iburg liegt auf einem Vorberg der mächtigsten Erhebung in diesem ganzen Gebirgstrich, des Dörenbergs, welcher 1092 Fuss Höhe, über der Meeresfläche, erreicht. Den Gipfelpunkt bezeichnet eine Pyramide; man findet dort oben eine ganz ausserordentliche Fernsicht fast über das halbe Westfalenland; an der einen Seite, nach Norden, sieht man Osnabrück dicht unter sich liegen; nach der andern, nach Südwesten hin aber die zahlreichen ragenden Thürme von Münster. —

Was Osnabrück betrifft, so müssen wir uns mit diesem Blick aus der Vogelperspektive auf die freundliche, zu Füssen ihres grünen Gertrudenberges daliegende Stadt begnügen, so sehr auch der regsame Ort mit seinen lebendigen, heitern, für jede gute Idee leicht zu gewinnenden und zu enthusiasmirenden Bewohnern einen Besuch verdiente.

Wie leicht dieser regsame Sinn der Osnabrücker in Bewegung und in Fluss zu bringen, das beweist nicht nur das industrielle und commercielle Aufblühen des Orts, seitdem er eine Eisenbahn besitzt; auch in einer edleren Weise hat es sich in den letzten Jahren durch die grossartige Weise bethätigt, womit man im Sommer 1858 die norddeutschen Sängervereine festlich aufnahm, durch die schwungvolle Art, womit man am 10. November 1859 die Säcularfeier der Geburt Schiller's in Osnabrück beging. Es ist eine eigenthümliche Erscheinung, dass innerhalb eines und desselben Stammes so grosse Charakterverschiedenheiten sich geltend machen können, wie es der Fall ist zwischen den Bewohnern des Osnabrücker Ländchens und denen Münsters — der Stadt, nach welcher wir mit der ungehemmten Flugkraft des Gedankens jetzt von der Höhe des Dörenbergs herab uns versetzen. Der Charakter des Osnabrückers ist von dem des Münsterländers so verschieden, wie Quecksilber von starrem Erz, das, um in Fluss zu gerathen, eines ganz ausserordentlichen Aufgebots von Wärme-Entwickelung bedarf. Der sich isolirende Particularismus ist in Münster mächtiger als irgendwo; so sehen wir diese Stadt denn auch eine ganz eigenthümliche Stellung mitten im Strome der Bildung des neunzehnten Jahrhunderts einnehmen. Während die alten „heiligen" Städte der abendländischen Christenheit, wie Lyon, Trier und Köln, nicht übermässig eifersüchtig mehr auf die Bewahrung dieses einst ihren

Stolz bildenden Adjektivs sind, sehen wir Münster mit zäher Strebsamkeit danach ringen, es sich zu verdienen. Es wird Staunenswerthes in dieser Stadt auf dem Gebiete des kirchlichen Lebens geleistet. Kirchen, kirchliche Stiftungen und Klosterbauten erheben sich in überraschender Menge aus dem Boden, wie anderswo die Dampfschlöte und Anlagen der Industrie; und für die Erhaltung, Erneuerung, Verschönerung der alten kirchlichen Baudenkmale wird mit einem wahrhaft rastlosen Eifer gesorgt. Durch die Thätigkeit des kunstsinnigen Bischofs hat namentlich die alte Cathedrale von Münster ausserordentlich gewonnen; was der verschrobene Geschmack späterer Jahrhunderte an den reinen Bauconstructionen verdorben, ist unnachsichtig beseitigt worden, — worunter denn auch freilich Manches, was wenigstens an andrer Stelle hätte conservirt werden sollen. Wenn aber erst der letzte muthige Schritt, die durchaus nothwendige Entfernung des Lettners, der sich wie eine hemmende Querwand mitten durch das Schiff zieht, gemacht ist, wird der Dom zu Münster unbestritten darauf Anspruch machen können, das bedeutendste und imposanteste kirchliche Bauwerk Westfalens zu sein, wenn es dies nicht jetzt schon ist. Es ist eine Schöpfung der Uebergangszeit aus dem romanischen oder byzantinischen Stil in den gothischen, doch waltet der romanische Charakter vor. Der Bau stammt aus dem 12. Jahrhundert; bis tief ins dreizehnte hinein wurde er fortgesetzt und erst 1261 vollendet; es war Bischof Gerhard von der Mark, der ihn einweihte. Die Cathedrale zu Münster hat einen nicht unbedeutenden Schatz an Werken der Kunst, namentlich der plastischen, die sie im Innern schmücken. Wir rechnen dahin weniger das manirirte, obwol einst viel bewunderte sogenannte Plettenberger Monument mit dem am Oelberge betenden Christus, als zwei grosse Werke der neueren Skulptur, eine Pieta und eine Kreuzabnahme, von Wilhelm Achtermann in Rom gefertigt. Beide sind höchst beachtenswerthe Arbeiten; die Kreuzabnahme ist eine Gruppe, wie ihrer die Skulptur sehr wenige von gleicher Grösse geschaffen hat; sie umfasst nämlich fünf Figuren, und das ist in der Geschichte der Kunst so ziemlich etwas Unerhörtes; ausser dem berühmten Farnesischen Stier zu Neapel im Museo Bourbonico erinnern wir uns nicht, ein so gestaltenreiches Werk der Bildhauerkunst gesehen zu haben. Wilhelm Achtermann ist ein Phänomen in Beziehung auf seine künstlerische Entwicklung: er war in seinem dreissigsten Jahre noch Ackerknecht, und wurde dann Tischlerlehrling; in der Werkstatt seines Meisters fand er Gelegenheit, durch Schnitzarbeiten sein künstlerisches Talent zu entwickeln und die Aufmerksamkeit des Oberpräsidenten von Vincke auf sich zu ziehen, der ihm möglich machte, seine technische Ausbildung in Berlin zu suchen. Wie er sich dann weiter forthalf, von seiner Künstlersehnsucht getrieben nach Italien pilgerte und hier mit dem Leben kämpfte, bis er sich nach und nach zu der Stellung aufschwang, die er unter den Bildhauern der Gegenwart einnimmt, das bildet eine höchst fesselnde und merkwürdige Episode zu dem grossen tragischen Drama: „Künstlers Erdenwallen", und erfüllt zugleich mit hoher Achtung vor der ächt westfälischen Beharrlichkeit und Ausdauer des merkwürdigen Mannes.

Den Dom zu Münster wird man nicht besuchen, unter den hohen Linden des weiten ihn umgebenden Platzes nicht wandeln können, ohne des merkwürdigen Schauspiels zu gedenken, welches einst in den Zeiten wilder Glaubenskämpfe die Sekte hier aufführte, der ohne Widerspruch der Ruhm gebührt, von allen die wildeste, excentrischeste und schwärmerischeste gewesen zu sein. In jenen Tagen war ja dieser Domplatz der Mittelpunkt des neuen Jerusalem, die Burg Sion, der Sitz König Johann's. An der Südseite des Domplatzes, in einer der alten Kurien der Domherren, dicht neben dem jetzigen Postgebäude, hat man in jüngster Zeit die unzweifelhaften Beweise gefunden, dass sie die Wohnung Johann's von Leyden war, als welche die Sage sie längst angab. Es fehlt uns hier leider der Raum, auf dieses fürchterliche und noch so manches psychologische Räthsel enthaltende Drama der Münster'schen Wiedertäufergeschichte einzugehn und die andern Momente der Geschichte unserer Stadt zu schildern, von denen eines wenigstens noch merkwürdiger und inhaltschwerer ist als der Anabaptisten-Aufruhr — wir meinen die grosse welthistorische Thatsache, dass in Münster zwischen den Gesandten der katholischen Mächte der Friede geschlossen wurde, welcher dem unglückseligen und entsetzlichen Kriege von 1618 bis 1648 ein Ende machte. Mit Münster theilt sich Osnabrück in den Ruhm, dass von hier aus die Boten mit der ersehnten Verkündigung des endlich, endlich, nach mehr als zweijährigen im Schneckengange vorrückenden Verhandlungen, abgeschlossenen Friedens ausgingen in alle Welt — freilich nicht überall im weiten heiligen römischen Reiche deutscher Nation mit frohem Jubel begrüsst —, denn in ganzen ausgedehnten Landschaften, die einst bevölkert, blühend, glücklich gewesen waren, empfing sie nichts als das Schweigen des Todes. Es war — zu spät!

Die lebendigsten Erinnerungen an die Zeit der Wiedertäufer und an den grossen diplomatischen Congress des siebenzehnten Jahrhunderts werden in uns heraufgerufen, wenn wir den Domplatz zu Münster verlassen und den dicht daranstossenden Marktplatz betreten; wir erblicken eines der pittoreskesten Strassenbilder, Häuser mit hohen Giebeln von vortreflicher Architectur, die in den verschiedensten Baustylen sich erhoben über gothischen Arkaden oder „Bögen", jenen mittelaltrigen Lauben, welche sich heutzutage in so wenig Städten mehr finden und dem alten Münster ein ganz besonderes alterthümliches historisches Gepräge geben. Vor uns erhebt sich der schöne gothische Giebel des Rathhauses, in welchem der Friedenscongress von 1648 gehalten wurde. Am Ende der breiten Strasse, zu unsrer Linken, trifft unser Blick die als Denkmal gothischer Baukunst in hohem Grade beachtenswerthe Kirche des heiligen Lambertus mit ihren hochansteigenden eleganten Structuren. Der Thurm trägt in seiner Höhe die drei Eisenkäfige, worin die Anführer der Wiedertäufer, König Johann von Leyden, Knipperdolling und Krechting gesteckt wurden, nachdem man sie auf eben diesem Marktplatze in grausamster Weise mit glühenden Zangen gezwickt und hingerichtet hatte (1535.).

Der Rathhausgiebel und die Lambertikirche rühren aus derselben Zeit her, aus der Mitte des 14. Jahrhunderts; die Kirche ist 1335 erbaut, und zwar der Thurm auf den Substructionen eines älteren Thurmes, die, wie es scheint, nicht Widerstandsfähigkeit genug haben, die darüber hoch in die Lüfte aufgethürmte Masse zu tragen; der Bau hat sich geneigt, und zwar so bedeutend, dass der oberste Gesimsrand des Stapels ungefähr vier Fuss über seine Basis nach Westen hin vorragen soll — ein Verhältniss, das für einen Theil der Nachbarschaft immerhin etwas Beunruhigendes hat!

Die im blühendsten gothischen Style aufgezogenen Seitenwände der Lambertikirche sind leider nicht ganz vollendet, es fehlt ihnen oben die Gesimskrönung und den Strebepfeilern sind die Phialen, in welche sie auslaufen sollten, nicht aufgesetzt. Wäre dies geschehen, wie es z. B. am Chore der Kirche der Fall ist, so würde das Gebäude mit den schönsten Denkmalen kirchlicher Architektur in Deutschland um den Vorrang streiten können. Im Innern ist die Kirche imposant, licht und in grossartigen Verhältnissen aufsteigend; sie ist eine sogenannte Hallenkirche, d. h. die Seitenschiffe haben ganz dieselbe Höhe wie das Mittelschiff.

Hoffen wir, dass unsre, solchen Unternehmungen ja vorzugsweise günstigen Zeiten auch an diesen schönen Bau die vollendende Hand lege — wie es eben geschehen ist an der eleganten, eine wahre Perle der Architektur zu nennenden Ludgerikirche mit ihrem geschmackvollen, oben durchbrochenen Thurme, der, mitten über dem Dache der Kirche sich erhebend, auf vier starken Pfeilern im Innern ruht. —

Noch eine Kirche Münsters ist durch ihre schöne Architektur merkwürdig, die von unsrer lieben Frau von Ueberwasser, einst die Stiftskirche eines adeligen freiweltlichen Frauenconvents. Sie zeichnet sich aus durch die ausserordentliche Leichtigkeit, womit über schlanken Säulen die Gurten und Rippen der Gewölbe aufsteigen, in ihrem kühnen Schwunge der arabischen Bogenform sich nähernd; dabei hat sie den schönsten mächtigsten Thurm, der über die alte Hauptstadt des Westfalenlands emporragt. Leider hat ihn ein Sturm im Anfange des vorigen Jahrhunderts seiner schönen 100 Fuss hohen Spitze beraubt. Die Kirche ward im Jahre 1040 mit grossem Pompe in Gegenwart Kaiser Heinrich's III. nebst dem dazu gehörenden Kloster, dessen Aebtissin des Kaisers Schwester war, eingeweiht.

Nicht weit von der Ueberwasserkirche entfernt dehnt sich der weite Schlossplatz mit seinen Lindenalleen und dem neuen Schlosse aus, welches unter der Regierung des Kurfürsten von Köln und Fürstbischofs von Münster, Maximilian Friedrich, im Jahre 1767 von den Ständen des Landes erbaut wurde. Zu einer fürstlichen Residenz hat dies grösste und prächtigste Gebäude Westfalens — d. h von allen, welche weltliche Zwecke haben — nur sehr kurze Zeit gedient. Maximilian Friedrich wohnte gewöhnlich in der Residenz Bonn und überliess die Regierung des Münsterlandes seinem ausgezeichneten Minister,

Franz von Fürstenberg. Der letzte Kurfürst und Fürstbischof Maximilian Franz, der Kaiserin Maria Therese jüngster Sohn, aber fand das Schloss zu gross und weit, es sagte seinen bürgerlich haushälterischen Neigungen nicht zu; er baute sich ein höchst bescheidenes kleines Hotel am Domhofe. So wurde denn das Schloss nur von seinen Gästen bewohnt, unter denen einst für einige Zeit sein berühmter Neffe, der grosse Feldherr Erzherzog Carl war. Als das Hochstift Münster durch den Reichsdeputationsschluss der Krone Preussen anheimfiel, 1802, diente die Residenz den zwei berühmtesten Männern, welche die neuere Geschichte Preussens verherrlicht haben, zur Wohnung — dem Minister Stein und dem General Blücher. Nach 1806 folgten sich darin die Satrapen der Fremdherrschaft, der holländische General Dändels, die französischen Generale und Präfekten O'Loison, Dusaillant u. s. w. Nach 1814 wurde das Gebäude wieder zur Amtswohnung des preussischen Oberpräsidenten der Provinz Westfalen und des kommandirenden Generals des siebenten Armeekorps bestimmt; als solche haben Männer wie Vincke, Thielemann, Horn, Müfling es bewohnt, und so hat denn der schöne Roccoco-Bau, wenn er auch kaum ein Jahrhundert alt ist, doch seine Geschichte, und eine kleine *Chronique de l'œil de bœuf* wäre auch von dieser Schöpfung im Stil des grossen Versailler Musters zu schreiben. —

An der Stelle, wo heute das Schloss sich erhebt, drohte einst eine düstre Zwingburg gegen die Stadt Münster her — die Citadelle, welche Christoph Bernhard von Galen hier aufbaute, um sich des dauernden Gehorsams seiner zur Unterwerfung gezwungenen Bürger zu versichern. Christoph Bernhard von Galen ist der merkwürdigste Charakter, der je auf einem der westfälischen Fürsten- und Bischofsstühle sass. Er stellte zum letzten Male im römischen Reiche einen jener grossen kriegerischen Kirchenfürsten dar, welche unter dem Chorrock einen Harnisch trugen, und statt des Hirtenstabes ein Schwert führten, um ihre Heerde damit zu weiden, und um ihre Hürde vor den Wölfen zu bewahren. Es stammen die Galen von einem Rittersitze, jetzt Kirchdorf im Kreise Duisburg, mit dem einst die Erbmarschallwürde im Herzogthum Cleve verbunden war. Der Vater des Bischofs stand im Dienste des deutschen Ordens, er war Marschall von Kurland und Semgallen; Christoph Bernhard wurde, ohne dass seine Neigung dabei in Betracht genommen worden, der Kirche bestimmt, und, kaum 7 Jahr alt, bereits zu einer Dompräbende in Münster präsentirt; im Jahre 1650 wurde er zum Fürstbischof erwählt und begann als solcher sogleich mit einer höchst segensreichen Energie für die Befreiung seines Landes von den fremden Söldnerschaaren zu wirken, welche es aus den Kriegsjahren her noch theilweise besetzt hielten. Dann richtete er sein Augenmerk auf die Schöpfung einer tüchtigen Kriegsmacht, und als er sich stark genug fühlte, begann er in der grossen, Europäischen Politik mitzureden. Im Jahre 1672 erklärte er den Generalstaaten von Holland den Krieg und eröffnete den Feldzug mit einem Heere von 19 Regimentern und 10 nichtregimentirten Schwadronen Cavallerie, und mit 27 Regimentern nebst 21 Freicompagnien Infanterie. Als Artillerie führte er 115 bespannte Geschütze ins Feld, darunter Haubitzen, deren Anwendung damals noch unbekannt war. Ausserdem hatten die einzelnen Regimenter ihre besonderen Feldstücke. Mit dieser für jene Zeiten ganz ausserordentlichen Heeresmacht nahm er Theil an allen möglichen Welthändeln seiner Zeit und bombardirte zweimal die Mauern seiner eigenen Hauptstadt, mit deren Bürgern er in Span und Hader gerathen war. Er starb am 29. Sept. 1678 auf seinem Schlosse zu Ahaus und ward im Dome zu Münster begraben, wo ihm ein schönes Epitaphium aus Marmor errichtet ist, in einer der drei von ihm erbauten Kapellen, deren bronzenes Gitterwerk er aus eroberten Kanonen giessen liess. — Für seine Familie erwirkte er 1665 die Reichsfreiherrnwürde und verschaffte ihr das Erbkämmereramt des Hochstifts; im Jahre 1702 wurde sie in den Reichsgrafenstand erhoben. —

Wir haben unsern Leser an dem schönen Giebel des Rathhauses zu Münster vorübergeführt; es bleibt uns noch übrig, ihn auch einen Blick in das Innere thun zu lassen, namentlich in den merkwürdigen alten Friedenssaal, der im Ganzen noch in demselben Zustande ist, in welchem er damals war, als hier die Gesandten des halben Europa tagten, um dem armen zertretenen und verblutenden Deutschland den Frieden zu geben. Das schön geschnitzte Getäfel, die Bänke, die ganze Anordnung ist dieselbe geblieben, und rings umher an den Wänden hängen die gut gemalten Portraits der Potentaten und ihrer Botschafter und Oratoren, welche theilnahmen an dem hier abgeschlossenen Werke des Friedens — nicht leider auch der Versöhnung! Der Friedenssaal ist übrigens nur der Ort, wo die Plenarversammlungen des Congresses stattfanden. Der eigentliche Abschluss, die Unterzeichnung des Vertragsinstrumentes fand auf dem „Fürstenhofe", der jetzigen königlichen Regierung, statt. —

Und mit dieser Erinnerung an ein Werk des Friedens wollen wir die Randglossen schliessen, mit denen uns vergönnt war, die treuen und glänzenden Bildwerke deutend und orientirend zu umgeben, welche Westfalens malerische Punkte im Spiegel der Kunst zurückstrahlen. Möge der Frieden ihm treu bleiben, dem schönen Lande, das unter den Segnungen desselben allen Impulsen zu blühender Entwicklung im Geiste der Gegenwart gefolgt ist, und doch dabei so wenig verloren hat von der guten, treuen und achtunggebietenden Art, deren charakteristisches Gepräge ihm die Vergangenheit aufdrückte: möge es sein wohlerworbenes Recht auf einen Particularismus hüten, dessen Wesen ein würdiges und ethisches Selbstgefühl ist, und möge es dennoch nicht anstehen, wenn die grösste Stunde der deutschen Geschichte einst schlagen sollte, sich in den grossen Strom des nationalen Gesammtseins mit aller der markigen, ungebeugten Kraft zu stürzen, welche sein unverkümmertes, wohlbewahrtes Eigen ist. —